Agente de la Escala Básica de los Cuerpos de Policía del País Vasco (Ertzaintza y Policía Local)

Abril, 2025

Agente de la Escala Básica de los Cuerpos de Policía del País Vasco (Ertzaintza y Policía Local)

Pruebas físicas

DAVID SOTELINO LÓPEZ

Licenciado en Ciencias de la Actividad Física y el Deporte
Máster en Capacitación Aptitud Pedagógica (CAP)
Profesor de Universidad del Grado de Ciencias de la Actividad Física y del Deporte
Profesor de Universidad del Grado de Educación Infantil y Educación Primaria
Entrenador Nacional Musculación, Fisicoculturismo y Halterofilia
Dietista y Personal Trainer
Entrenador Nacional de Musculación, Fisicoculturismo y Halterofilia, Natación, Remo,
Baloncesto, Rugby y Piragüismo
Preparador físico de opositores a Fuerzas y Cuerpos de Seguridad del Estado
Socorrista acuático y experto en Primeros Auxilios, con dominio de RCP y desfibrilador
Quiromasajista Terapéutico y Deportivo

davidentrenadorpersonal@hotmail.es
www.davidsotelino.com
facebook.com/davidsotelinoentrenadorpersonal
twitter.com/@dsotelinpt
youtube: david sotelino entrenador personal
instagram.com/davidsote_entrenadorpersonal/

© 7 Editores Recursos para la Cualificación Profesional y el Empleo, S.L. (7 Editores)
© El autor
Primera edición, abril 2025 (246 páginas)
Derechos de edición reservados a favor de 7 Editores
IMPRESO EN ESPAÑA
Diseño Portada: 7 Editores
Edita: 7 Editores
Avda. San Francisco Javier, 9 · Edificio Sevilla 2 · Planta 11 · Módulos 25-27 · 41018 Sevilla
Teléfono: 954 784 411 · WEB: www.mad.es · e-mail: administracion@7editores.com
ISBN: 978-84-142-9509-0
© "Editorial Mad" y "Eduforma" son nombres comerciales registrados de
7 Editores Recursos para la Cualificación Profesional y el Empleo, S.L.

Dedicado a mis hijas Noa y Zoe, que ya desde pequeñas empiezan a disfrutar del deporte como yo.

A mis alumnos de las diversas academias en las que he trabajado, así como a todas las personas a las que he preparado y preparo de forma individual en mi labor actual de Entrenador Personal, tanto a distancia como presencial. También citar a Jorge, Alba, Gutier, Yésica, Isabel y Rubén por su participación en las fotos.

Y por supuesto, a mis padres, por darme la oportunidad de estudiar la carrera universitaria que quería, Educación Física, lo que me permitió tener el actual currículum a nivel formativo y profesional. No puedo olvidar a mi hermano Samuel, gracias por tu ayuda en tantos momentos de mi vida.

Presentación

Este libro está dirigido a la preparación de las pruebas físicas para el ingreso en la Escala Básica de los Cuerpos de Policía del País Vasco (Ertzaintza y Policía Local), según la convocatoria publicada en el BOPV núm. 55, de 20 de marzo de 2025.

Este volumen le servirá de gran ayuda para la preparación de la cuarta prueba: prueba de aptitud física.

Mediante la realización de un test físico inicial, el aspirante podrá conocer su estado físico actual, identificar su situación de partida y planificar su entrenamiento para la superación de las cuatro pruebas físicas.

En el libro se incluyen, además, distintos programas de entrenamiento en función del tiempo disponible, pautas para entrenar cada prueba, orientaciones nutricionales para optimizar el rendimiento y asegurar el éxito y consejos para los días previos a las pruebas.

Esperamos que este material cumpla con su cometido y le ayude a conseguir su objetivo.

Índice

CAPÍTULO 1

Descripción de las pruebas físicas del proceso selectivo

1. Introducción

En la Resolución de 29 de diciembre de 2022, del Director General de la Academia Vasca de Policía y Emergencias, por la que se convoca procedimiento selectivo para ingreso por turno libre en la categoría de Agente de la Escala Básica de los Cuerpos de Policía del País Vasco (Ertzaintza y Policía Local) y Servicios de Policía Local, se especifica que:

"La oposición consistirá en la sucesiva celebración de las siguientes pruebas:

1.– Primera prueba, de carácter obligatorio y eliminatorio, prueba psicotécnica, dirigida a la evaluación de las aptitudes de las personas aspirantes.

(...)

2.– Segunda prueba, de carácter obligatorio y eliminatorio, prueba de conocimientos que consistirá en contestar por escrito un cuestionario tipo test.

(...)

3.– Tercera prueba, de carácter obligatorio y eliminatorio, prueba psicotécnica.

(...)

4.– Cuarta prueba, de carácter obligatorio y eliminatorio, prueba de aptitud física. Esta prueba se valorará de 0 a 80 puntos. Consistirá en la realización de los cuatro ejercicios que se contienen en el Anexo III de la presente convocatoria, y cuya valoración se hará conforme a los baremos establecidos al efecto y que se encuentran especificados también en el referido Anexo III.

Para superar esta prueba será necesario obtener una puntuación mínima de 10 puntos en cada uno de los cuatro ejercicios que la componen, y una puntuación mínima de 40 puntos en el sumatorio de los cuatro ejercicios.

Los ejercicios físicos se realizarán bajo la exclusiva responsabilidad de las personas que en ellos tomen parte; para su ejecución, las personas que en ellos participen, deberán presentarse con el equipo deportivo adecuado.

5.– Quinta prueba, de carácter obligatorio y eliminatorio, entrevista personal, dirigida a determinar la idoneidad conductual y competencial de las personas aspirantes para el desempeño de las funciones y tareas del perfil profesional del puesto convocado (...).

2. Descripción de las pruebas de aptitud física

En el Anexo III de ese mismo Boletín, en el apartado de Prueba de Aptitud Física se encuentra la descripción de cada una de las pruebas:

2.1. Natación: 50 metros libres

Descripción: el/la aspirante, partiendo de pie desde el borde de la piscina, se lanzará al agua al oír una señal sonora y nadará la distancia de 50 metros, dividida en dos largos de 25 metros.

El estilo de nado será libre. Se podrá cambiar de estilo durante el transcurso de la prueba. No se podrán apoyar los pies en el fondo de la piscina, ni asirse a la pared o a las corcheras para descansar. Así mismo, en el viraje del primer largo el aspirante tocará la pared con la mano, de forma visible para el examinador.

El incumplimiento de alguno de los anteriores requisitos supondrá la eliminación de la prueba.

En el caso de que se produzca una salida nula, solamente se detendrá a quien la haya realizado. Al final de todas las series, se realizará una serie final con todos aquellos/as aspirantes que hayan realizado una salida nula. El / la aspirante que realice dos salidas nulas quedará eliminado/a.

Se permitirá el uso de gafas. El gorro es obligatorio.

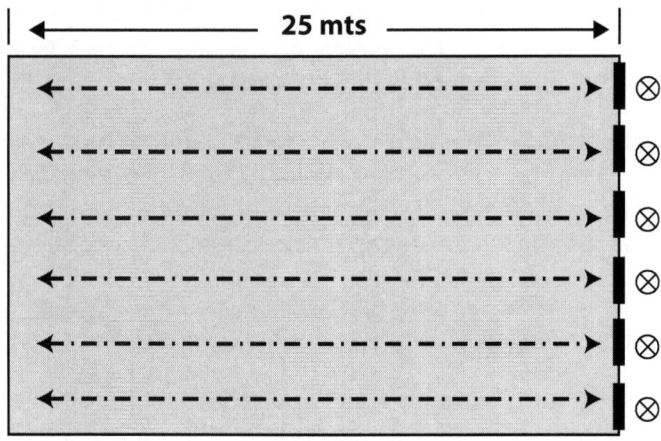

Natación

Hombres	Puntos	Mujeres
30" o menos	20,00	38" o menos
30"01-32"00	18,00	38"01-40"00
32"01-34"00	16,00	40"01-42"00
34"01-36"00	14,00	42"01-44"00
36"01-39"00	11,50	44"01-47"00
39"01-42"00	11,00	47"01-50"00
42"01-46"00	10,50	50"01-56"00
46"01-52"00	10,00	56"01-68"00

Baremo de natación 50 mts libres

2.2. Press de banca

Descripción: en tendido supino sobre un banco, piernas flexionadas, pies apoyados en el suelo y manos separadas con una anchura ligeramente superior a la de los hombros (la yema del pulgar llegará a tocar la parte lisa y rugosa de la barra con la que se realiza la prueba), flexión profunda de brazos hasta tocar el pecho con la barra y posterior extensión completa.

Una vez comenzado el ejercicio no se podrá parar, ni mover las manos del agarre inicial, ni levantar los pies del suelo, ni tampoco realizar movimientos compensatorios con el cuerpo. Si se incumple alguno de estos requisitos, se detendrá la prueba y se anotarán las repeticiones realizadas correctamente hasta ese momento.

El peso a levantar será de 35 kilos para los hombres y 25 kilos para las mujeres.

Medición: no se contabilizarán aquellas alzadas que no estén realizadas correctamente (flexión profunda hasta tocar el pecho y extensión completa de brazos).

Press de banca

Hombres 35 kg	Puntos	Mujeres 25 kg
50	20,00	40
49	18,00	39
48	16,00	38
45-47	14,00	34-27
42-44	11,50	30-33
37-41	11,00	26-29
31-36	10,50	21-25
22-30	10,00	12-20

Baremo press de banca

2.3. Circuito de agilidad

Descripción: el/la aspirante se colocará en posición de salida alta detrás de la línea de partida, que se corresponde con la primera valla. La salida se podrá realizar indistintamente por la derecha o por la izquierda de la valla, completando en cada caso el recorrido correspondiente y que aparece detallado en el dibujo.

Ejecución: cuando el examinador le autorice, el /la aspirante iniciará la prueba. Deberá desplazarse hacia la banderola más alejada, sortearla e ir hacia la valla, pasarla por debajo, sortear la siguiente banderola y sobrepasar las dos vallas por encima. Al paso por la última valla, se registrará el tiempo realizado, por medio de células fotoeléctricas.

Medición: se permitirá un intento. Si el aspirante derriba o modifica algún elemento del circuito (desplazamiento de vallas y/o banderolas) o equivoca el recorrido, el intento se considerará nulo. En ese caso, podrá repetirlo una vez más. El / la aspirante que realice dos intentos nulos quedará eliminado/a.

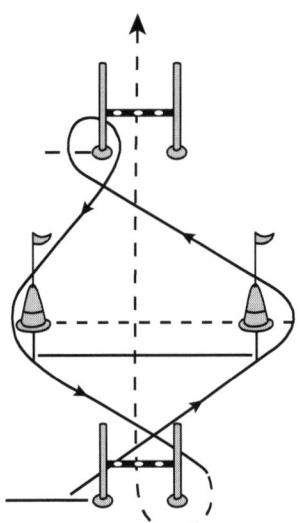

Recorrido Salida por la izquierda

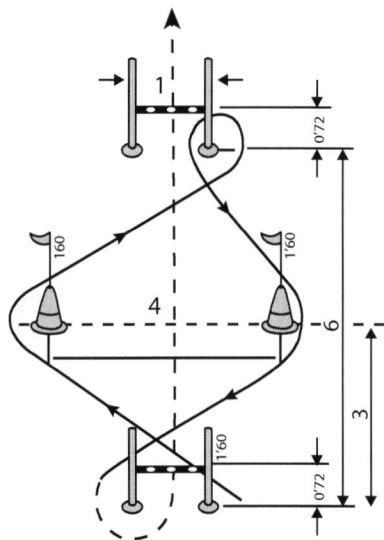

Recorrido Salida por la derecha

Por debajo de la valla ——————

Por encima de la valla – – – – – –

Circuito de agilidad

Hombres	Puntos	Mujeres
8"40 o menos	20,00	9"40 o menos
8"41 – 8"57	18,00	9"41 – 9"57
8"58 – 8"79	16,00	9"58 – 9"79
8"80 – 9"05	14,00	9"80 – 10"07
9"06 – 9"37	11,50	10"08 – 10"41
9"38 – 9"79	11,00	10"42 – 10"87
9"80 – 10"26	10,50	10"88 – 11"38
10"27 – 11"05	10,00	11"39 – 12"25

Baremo circuito de agilidad

2.4. Course Navette

Descripción: el/la aspirante se colocará detrás de una línea y a una señal sonora comenzará la prueba. Correrá hasta llegar a pisar la línea situada en el lado contrario (a 20 m) y esperará a oír una señal sonora para continuar la carrera. Esta secuencia se repetirá durante todo el test.

El ritmo de carrera se regulará mediante un dispositivo de audio que emitirá un sonido a intervalos regulares.

Medición: si alguno de los/las aspirantes:

– no pisa la línea en el momento señalado por el dispositivo de audio,

– va por delante del ritmo que marca la señal sonora,

– realiza el cambio de sentido sin haber pisado la línea,

– hace giros circulares, en lugar de pivotar sobre la línea.

Se le dará un primer aviso. En el caso de que se produjera un segundo aviso por cualquiera de los motivos citados, se dará por finalizada la prueba, anotándose el último periodo completado.

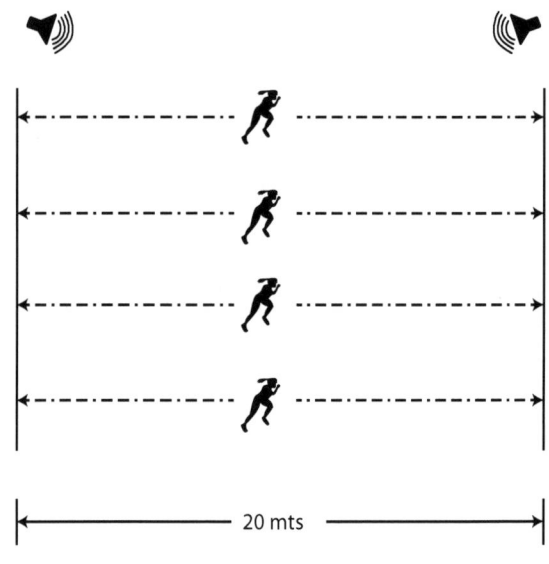

Course Navette

Hombres periodo	Puntos	Mujeres periodo
13 ½	20	11
13	18	10 ½
12 ½	16	10
12	15	9 ½
11 ½	14	9
11	13	8 ½
10 ½	12	8
10	11	7 ½
9 ½	10	7

Baremo Course Navette

CAPÍTULO 2

Preguntas frecuentes

1. ¿Quién se puede presentar a estas oposiciones?

Todo el que cumpla los requisitos que se exigen en la convocatoria.

2. ¿Todo el mundo puede llegar a aprobar los exámenes físicos?

Así es, podrá hacerlo todo aquel que se lo proponga y entrene para ello. Las pruebas físicas evalúan el rendimiento físico y motor, siendo ello necesario para desarrollar sus funciones de forma correcta.

3. ¿Cómo se pueden superar las pruebas físicas?

La forma de aprobar es entrenando. Por muy baja que sea la condición física, con esfuerzo y dedicación se mejora y consigue una buena nota. Para ello, bastará con seguir las indicaciones que se dan en este libro.

4. ¿En cuánto tiempo se pueden preparar con éxito las pruebas físicas?

Va a depender del nivel de condición física inicial pero, salvo pocas excepciones, bastará con tres o cuatro meses. En algún caso se necesitará más tiempo, dependiendo de la genética y la capacidad de asimilación del entrenamiento deportivo (no todas las personas mejoran al mismo ritmo).

5. ¿Cómo se puede saber el estado de forma física inicial?

A través de los test de valoración anatómica e inicial que se incluyen en los capítulos 8 y 9 del libro, cada aspirante podrá evaluar su estado físico anatómico y la condición física que tiene en relación a las cuatro pruebas que se piden en la oposición.

6. ¿Qué es necesario para llevar a cabo los entrenamientos?

Sobre todo ganas y algo de tiempo. Para preparar las pruebas se requiere ropa adecuada e instalaciones deportivas, así como unas pautas de entrenamiento que garanticen la mejora y eviten posibles lesiones.

7. ¿Todas las pruebas son susceptibles de mejora?

Por supuesto. Si se entrenan correctamente, se progresará en cada una de las cuatro pruebas físicas. Puede haber alguna que cueste más trabajo, pero con esfuerzo y constancia se obtendrán mejores resultados.

CAPÍTULO 3

Conceptos fundamentales

En este capítulo se definen las palabras técnicas que se usan a lo largo del libro:

– **Aceleración**: capacidad de aumentar la velocidad de un cuerpo en cierto tiempo. Puede consistir en pasar de una situación sin movimiento a otra en la que se adquiere cierta velocidad. O bien, puede conllevar a un aumento de la velocidad actual, consiguiendo con ello una nueva velocidad mayor.

– **Ácido láctico**: sustancia que se forma en la sangre debido a la falta de oxígeno en los músculos al realizar un ejercicio físico de alta intensidad.

– **Alimentación**: ingestión de sustancias por parte de los organismos de los seres vivos para conseguir energía y desarrollarse. Puede ser objeto de fines nutricionales y psicológicos, implicando con estos últimos una simple satisfacción y obtención de sensaciones gratificantes.

– **Anabolismo**: proceso del metabolismo de construcción de moléculas grandes a partir de otras más pequeñas. Ejemplo: formación de proteína a partir de aminoácidos, con el fin de formar nuevas células.

– **Carga**: medida de trabajo de entrenamiento desarrollado. Se contabiliza por medio del volumen y la intensidad.

– **Catabolismo**: proceso inverso al anabolismo, en el cual hay una destrucción de moléculas grandes formándose moléculas más pequeñas. Esto sucede al estar muchas horas sin ingerir alimento, lo cual no es nada recomendable ya que se destruye tejido muscular o, al menos, no se favorece a su crecimiento.

– **Contracción (muscular)**: proceso fisiológico en el cual un estímulo previo hace que los músculos desarrollen tensión y se acorten (contracción isotónica concéntrica), se estiren (contracción isotónica excéntrica) o permanezcan en la misma posición (contracción isométrica). Ejemplo de contracción isotónica concéntrica: press de banca extensión de brazos (fase positiva o de subida). Ejemplo de contracción isotónica excéntrica: press de banca, flexión de brazos (fase negativa o de bajada). Ejemplo de contracción isométrica: suspensión en barra.

Contracción del gemelo

– **Cualidades físicas básicas**: fuerza, resistencia, velocidad y flexibilidad.

– **Definición (muscular)**: pérdida de grasa corporal con fines estéticos (marcar más los músculos) o funcionales (estar más ligero para la realización de las pruebas físicas).

– **Densidad**: relación temporal entre la fase de trabajo y la de recuperación. Es el descanso que toma la persona para poder tener un mejor aprovechamiento de su actividad física. Ejemplo: un entrenamiento de 40 minutos de duración, de los cuales 5 minutos se han utilizado para descansar es un entrenamiento más denso que uno de la misma duración pero que ha tenido 10 minutos de descansos.

– **Deporte**: actividad física reglada (tiene normas) e institucionalizadas (esas normas están estandarizadas).

– **Duración**: tiempo en el que se desarrolla un ejercicio físico. Ejemplo: 20 minutos de carrera continua.

– **Ejercicio físico**: movimiento consciente y sistemático que mantiene y/o mejora la condición física y la salud.

– **Entrenamiento deportivo**: consiste en la ejercitación y preparación fisio-lógica para soportar cargas físicas que provocan una adaptación funcional o morfológica. Según Matvéiev, *"El entrenamiento deportivo es la forma fun-damental de preparación del deportista, basada en ejercicios sistemáticos y la cual representa, en esencia, un proceso pedagógicamente con el objeto de dirigir la evolución del deportista (su perfeccionamiento deportivo)"*.

– **Flexibilidad**: capacidad física básica que consiste en el estiramiento de los músculos del cuerpo. Ejemplo: de pie apoyando una pierna en un banco a 90º, paralela al suelo, hacer flexión de tronco inclinándose hacia delante (flexibilidad de los isquiotibiales).

Estiramiento para mejorar la flexibilidad

– **Frecuencia cardiaca**: pulsaciones por minuto que realiza el corazón para bombear sangre a los músculos. Ejemplo: 150 pulsaciones / minuto.

– **Frecuencia cardiaca máxima (FC máx.)**: dato teórico obtenido de la fórmula 220 – edad, con el cual se supone que las pulsaciones de un de-portista no sobrepasarían de ese resultado ni con un gran esfuerzo (hay excepciones en muchas personas). A partir de este dato se aplican porcen-tajes para determinar intensidades de esfuerzo. Ejemplo: FC máxima de un chico de 20 años = 220 – 20 años = 200 pulsaciones por minuto. Carrera continua al 70 % de la FC máxima = 200 x 0.70 = 140 puls/min.

- **Fuerza (muscular)**: capacidad física básica que consiste en la superación de una resistencia externa o interna mediante una contracción muscular.

Ejercicio de fuerza superando una resistencia

- **Hipertrofia**: aumento de masa muscular. Se produce un ensanchamiento de los músculos, normalmente acompañado de una ganancia de peso corporal (no siempre libre de grasa).

- **Intensidad**: valor cualitativo del ejercicio físico, medido en esfuerzo muscular. Es el grado de concentración y dificultad de un ejercicio en una unidad de tiempo. Ejemplo: pulsaciones por minuto, velocidad (km/h), ritmo de carrera (4 minutos/km), grado de esfuerzo a la hora de realizar el test de agilidad, porcentaje de kg levantados respecto al máximo posible, grado de esfuerzo para llegar a las últimas repeticiones realizadas en una serie de press de banca.

- **Mantenimiento**: fase de afianzamiento de los resultados obtenidos con una dieta y/o ejercicio físico, evitando así el efecto rebote y la regresión al peso y características corporales anteriores no deseadas (porcentaje de músculo y grasa).

– **Mecanismo de defensa**: forma en que el organismo trata de evitar un ataque. En términos de nutrición, se refiere al hecho preventivo de acumular grasa para utilizarla en un futuro como forma de energía en el caso de necesitarla y no disponer de ella. Esto es lo que sucede cuando se entra en fase catabólica (catabolismo) por estar demasiado tiempo sin ingerir alimento. Ejemplo: los osos se alimentan en exceso para prevenir la falta de ingesta de alimentos en los periodos de hibernación.

– **Metabolismo**: conjunto de reacciones y procesos sucedidos en las células y en el organismo que permiten diversas actividades: crecer, reproducirse, responder a estímulos, etc.

– **Nutrición**: aprovechamiento de los nutrientes, manteniendo el equilibrio interno del organismo.

– **Tasa metabólica basal**: valor mínimo de energía para que un organismo lleve a cabo las funciones vitales básicas: respiración, digestión, etc. Ejemplo: 1000 kilocalorías diarias gastadas en reposo (mujer de 30 años con 55 kilogramos de peso corporal).

– **Parcial**: tiempo que se tarda en recorrer una determinada distancia. Ejemplo: en una carrera de 1000 metros, con 5 parciales de 200 metros, podrían ser 50´´, 45´´, 48´´, 46´´ y 40´´.

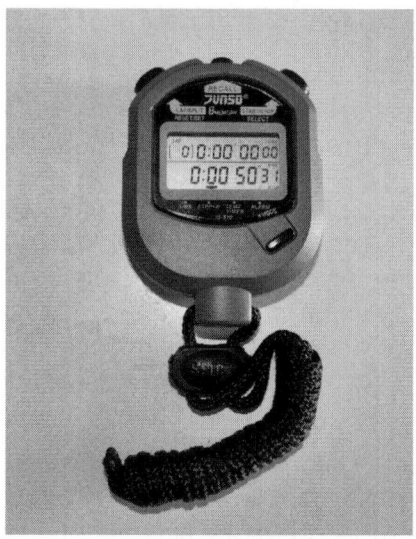

Parcial en un cronómetro

– **Parcial acumulativo**: consiste en la suma del tiempo parcial que engobla el tiempo total para recorrer una determinada distancia. Ejemplo partiendo del resultado del ejemplo anterior: 50´´ (200 metros), 1,35´´ (paso por los 400 m), 2,23´´ (paso por los 600 m), 3,09´´ (paso por los 800 m) y 4,09´´ (paso por los 1000 m).

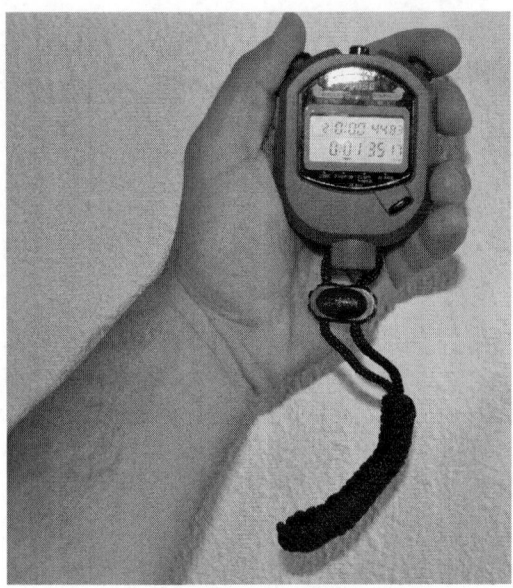

Parcial acumulado en un
cronómetro de mano

– **Planificación**: gestión para obtener un determinado objetivo a corto, medio o largo plazo.

– **Preparación deportiva:** *"un proceso multifacético de utilización racional del total de factores (medios, métodos y condiciones) que permite influir de manera dirigida sobre el crecimiento del deportista y asegurar el grado necesario de su disposición a alcanzar elevadas marcas deportivas",* planteando al proceso de entrenamiento como *"la forma principal de poner en práctica la preparación de deportista basada en la ejercitación sistemática y la cual representa en esencia un proceso organizado pedagógicamente con el objeto de dirigir la evolución del deportista (su perfeccionamiento deportivo)",* según Matvéiev.

– **Pulsómetro**: aparato que sirve para medir la frecuencia cardíaca contando las pulsaciones por minuto del corazón.

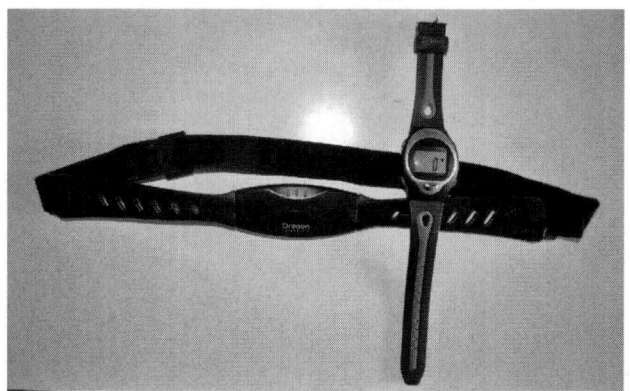

Pulsómetro con banda

– **Recuperación**: descanso producido entre ejercicios físicos, normalmente entre series. Hay dos tipos: pasiva (descansado de pie o sentado) y activa (caminando, trotando lentamente, haciendo abdominales, etc.). Ejemplo: 2 minutos entre series de 500 metros de carrera.

– **Repetición**: número de veces que se realiza un determinado ejercicio. Ejemplo: 10 dominadas.

– **Resistencia**: capacidad física básica que consiste en el mantenimiento de un esfuerzo físico durante el mayor tiempo posible.

– **Ritmo**: sucesión regular de movimientos que se repite en un periodo de tiempo determinado. Ejemplo: en una carrera de 10 km realizada en 50 minutos, el ritmo es 5 minutos cada km (ritmo medio).

– **Serie**: conjunto de repeticiones realizadas. Ejemplo: 10 dominadas componen 1 serie. 4 x 10 se referiría a 4 series de 10 repeticiones cada una (total 40 dominadas).

– **Somatotipo**: sistema diseñado para clasificar el tipo corporal o físico. Es utilizado para estimar la forma corporal y su composición. Se utiliza como instrumento en las evaluaciones de la aptitud física en función de la edad y el sexo.

– **Test**: realización de una prueba física con el fin de conocer su resultado. Ejemplo: test de suspensión en barra con resultado de 35 segundos de duración.

- **Velocidad**: capacidad física básica que consiste en desplazarse de un sitio a otro o mover una carga en una unidad de tiempo. Ejemplo: carrera continua a 10 km/hora.

- **Volumen**: valor cuantitativo del ejercicio físico, medido en distancia recorrida, tiempo de duración, número de repeticiones del test de agilidad, kilogramos levantados, repeticiones realizadas, dominadas o suspensión en barra. Ejemplo: metros recorridos durante la carrera, dominadas realizadas, segundos suspendidos en barra, etc.

- **Vueltas**: referido al número de veces que se repite un circuito de ejercicios de musculación. Ejemplo: con 3 ejercicios (1, 2 y 3) y 12 repeticiones en cada uno. Si se habla de hacer 3 vueltas al circuito, se deberá realizar 12 repeticiones del ejercicio 1, 12 del ejercicio 2 y 12 del ejercicio 3. Así dos veces más por este orden, con el fin de completar el recorrido de 3 rondas.

CAPÍTULO 4

Las cualidades físicas básicas

1. Introducción

Las cualidades físicas principales son las siguientes:

– Fuerza.

– Resistencia.

– Velocidad.

– Flexibilidad.

Existen otras cualidades pero son una combinación de estas últimas (agilidad, coordinación, etc.).

2.Fuerza

Consiste en la superación de una resistencia externa o interna mediante una contracción muscular.

Tipos:

– **Fuerza máxima**: realización de una contracción voluntaria que implica un desarrollo de la fuerza total de una persona. Puede ser estática o dinámica. Ejemplo: arrancada de halterofilia.

– **Fuerza veloz**: superación de una resistencia con una elevada rapidez de contracción. Ejemplo: lanzamiento de jabalina.

– **Fuerza resistencia**: capacidad para oponerse a la fatiga en el desarrollo repetido de fuerza. Ejemplo: natación.

3. Resistencia

Es la capacidad física básica que consiste en el mantenimiento de un esfuerzo físico durante el mayor tiempo posible.

Tipos:

− **Resistencia aeróbica**: trabajo de larga duración y baja/media intensidad, con predominio de oxígeno suficiente. Ejemplo: carrera continua durante 45 minutos al 70 % de la FC Máxima.

− **Resistencia anaeróbica**: trabajo de más corta duración y alta intensidad, con abastecimiento de oxígeno insuficiente. Hay dos tipos:

  * Anaeróbica **láctica**, si se acumula ácido láctico en el músculo. Ejemplo: serie de 400 metros corriendo.

  * Anaeróbica **aláctica**, cuando no se acumula dicho residuo. Ejemplo: carrera de 50 metros lisos.

⚡ Recuerda que...

El ácido láctico es una sustancia que se forma en la sangre debido a la falta de oxígeno en los músculos al realizar un ejercicio físico de alta intensidad.

4. Velocidad

Consiste en desplazarse de un sitio a otro o mover una carga en una determinada unidad de tiempo.

Tipos:

– **Velocidad de reacción**: capacidad de responder a un determinado estímulo en una unidad de tiempo. Ejemplo: comenzar la carrera de 50 metros cuando suena la señal del examinador.

– **Velocidad de desplazamiento**: rapidez con la que se recorre una distancia. Ejemplo: carrera a 5 minutos/km.

– **Velocidad gestual**: cualidad que nos permite realizar un movimiento corporal en un determinado espacio de tiempo. Ejemplo: secuencia de golpes directos por parte de un boxeador.

5. Flexibilidad

Es la capacidad de elongación que tiene el cuerpo, en concreto los músculos y las articulaciones, sin llegar a dañarse.

Tipos:

- **Estática**: es la que se mantiene en el tiempo tras adoptar una determinada posición corporal. Ejemplo: estiramiento de cuádriceps llevando el talón al glúteo y aguantando la posición.

- **Dinámica**: consiste en la realización de rebotes llegando o pasando del rango de una articulación. Hoy en día está en desuso ya que se ha comprobado que puede producir lesiones. Ejemplo: estiramiento de los isquiotibiales de pie, a pies juntos, haciendo rebotes.

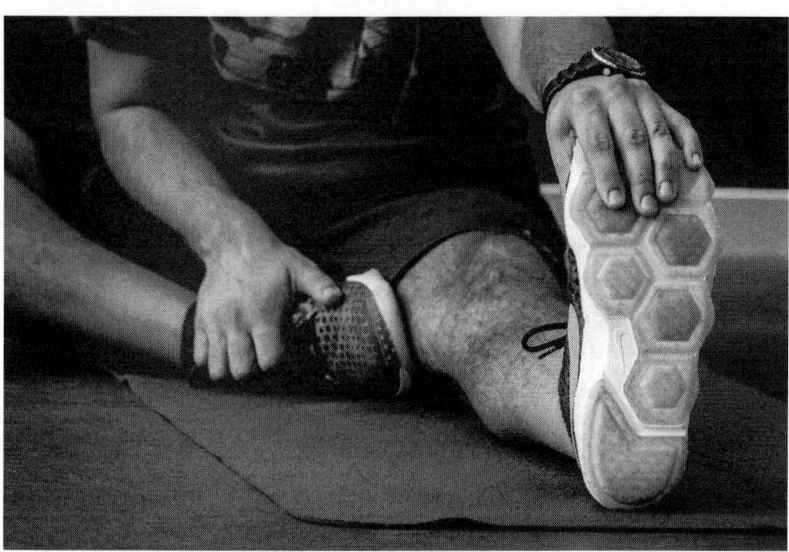

CAPÍTULO 5

Principios del entrenamiento deportivo

1. Introducción

Es conveniente tener una base teórica para comprender la planificación y organización de los contenidos de este libro. Para ello, se explicarán los nueve principios del entrenamiento deportivo.

Estos son importantes para tener éxito en el proceso del entrenamiento, evitando estancamientos, retrocesos, lesiones, etc.

2. Principio de individualidad

Cada persona asimila de forma distinta el mismo entrenamiento, ya que existen una serie de factores subjetivos:

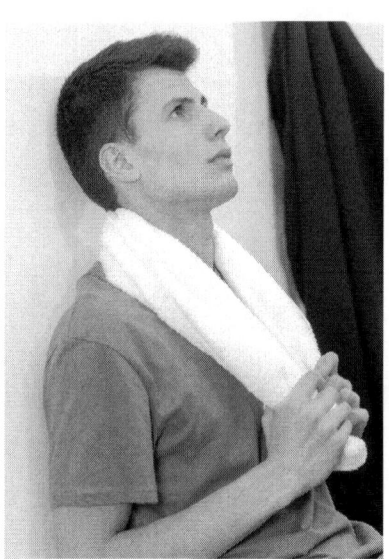

- Herencia genética.

- Maduración de los huesos y músculos.

- Nutrición.

- Descanso y sueño.

- Nivel de condición física.

- Motivación.

3. Principio de adaptación

Es el proceso de **asimilación de la carga** de entrenamiento. Por medio de él, se producen mejoras en:

- La función del corazón, circulación y respiración.

- La fuerza y resistencia muscular.

- Los huesos, tendones y ligamentos.

4. Principio de sobrecarga

Una **carga de trabajo mayor a la que el cuerpo está acostumbrado** producirá una mejora del nivel de preparación del deportista.

Existen tres factores que influyen en el ritmo de mejora:

- Frecuencia.
- Intensidad.
- Tiempo de duración.

5. Principio de progresión

La intensidad, frecuencia y duración de los ejercicios debe **aumentarse poco a poco y de forma continua**.

Este principio también comprende la progresión de:

– Lo general... a lo específico.

– Las partes... a la totalidad.

– La cantidad... a la calidad.

6. Principio de la especificidad

Los efectos del entrenamiento serán propios y determinados según el sistema de energía, grupo muscular y tipo de movimiento de cada articulación que se trabaje.

El rendimiento mejora más cuando **el entrenamiento es especializado y concreto a la actividad**.

7. Principio de la variación

Un **programa de entrenamiento debe ser diferente** para evitar el aburrimiento y alcanzar resultados.

Deberá existir la siguiente alternancia:

Trabajo/descanso...... Intenso/ligero

No se debe trabajar con ritmo intenso todos los días de la semana. De 2 a 4 días por semana serían el máximo aconsejable. Los días de recuperación variarán entre el trabajo de ligera o moderada intensidad.

8. Principio del calentamiento y vuelta a la calma

El **calentamiento** debe preceder toda actividad intensa con el fin de:

– Aumentar la temperatura corporal.

– Incrementar el ritmo respiratorio y las pulsaciones.

A través de una **vuelta a la calma** con una ligera actividad después del trabajo intenso, se favorecerá la acción de bombeo de sangre y la renovación de los productos de desechos en la sangre (por ejemplo, la eliminación de ácido láctico acumulado).

9. Principio de entrenamiento a largo plazo

No se debe acelerar el proceso de entrenamiento deportivo. Hay que respetar las etapas de maduración del cuerpo humano. El buen camino implica un programa de entrenamiento a largo plazo, sin presiones ni especialización prematura.

10. Principio de acción inversa

Los efectos positivos del entrenamiento deportivo son reversibles. La mayoría de las adaptaciones logradas se pueden perder en menos tiempo del empleado para ganarlas.

Como ejemplo, se dice que se necesita tres veces más tiempo para ganar resistencia que para perderla. La fuerza desciende más lentamente, pero el hecho de no utilizarla causará atrofia aun en los músculos mejor entrenados.

 Sabías que...

Hay estudios que confirman que la condición física disminuye a un ritmo de cerca del 10 % por semana con descanso completo en la cama.

🎯 Recuerda que...

Los programas de entrenamiento deben diseñarse de acuerdo con los siguientes principios:

– Adaptarse a las diferencias individuales.
– El efecto de entrenamiento se establece cuando el cuerpo se ha adaptado a la sobrecarga del mismo.
– Hay que sobrecargar al deportista.
– Hay que utilizar progresiones.
– Los efectos de entrenamiento son específicos al tipo de estímulo que se utilice en las tareas.
– La adaptación se logra cuando el trabajo va seguido de descanso.
– El calentamiento y la vuelta a la calma deben ser parte del entrenamiento.
– No se debe acelerar el proceso de entrenamiento.
– Los efectos del entrenamiento son reversibles.

CAPÍTULO 6

Vías metabólicas de obtención de energía y nutrientes necesarios

1. Introducción

La energía (en forma de ATP) se puede obtener de los hidratos de carbono, de las proteínas y de las grasas. Además hay otros elementos coadyuvantes necesarios para vías de obtención de energía en nuestro organismo, como son determinados minerales (hierro, calcio, magnesio…) y vitaminas.

Existen tres vías metabólicas para la obtención de energía según el tipo de ejercicio que realicemos. Debemos saber que cualquiera que sea la actividad que se desarrolle, con la intensidad que sea, las tres vías metabólicas van a coexistir, pero en diferente proporción, predominando unas sobre otras.

2. Vía anaeróbica aláctica

Es capaz de proporcionar ATP de forma ultrarrápida. Es una vía metabólica en la cual el ATP ya está formado, y simplemente se tiene que realizar hidrólisis para obtener la energía.

No precisa de oxígeno (es una vía anaeróbica) ni de ningún sustrato energético (el ATP ya está formado).

Esta vía de obtención de energía predomina casi en exclusiva en esfuerzos de elevada intensidad (explosivos) y de corta duración. Por ejemplo: una carrera de 100 metros lisos, donde se necesita mucha energía, y de forma muy rápida.

Esta vía es muy limitada en cuanto a disponibilidad, ya que los "depósitos" se agotan, por lo que solo es útil para este tipo de ejercicios intensos y de corta duración.

Sprint

3. Vía anaeróbica láctica

En este caso, tampoco se precisa de oxígeno para producir ATP (es también una vía anaeróbica).

En cuanto a la velocidad de producción del ATP, es bastante rápida aunque no tanto como la vía anterior, en la que el ATP ya estaba formado.

Es cuantitativamente pobre en cuanto a producción de ATP, ya que por cada mol de sustrato (1 glucosa), se obtiene escasa cantidad de ATP. El sustrato necesario en este caso para la producción de ATP es la GLUCOSA.

En esta vía, como su propio nombre indica, se produce ácido láctico, que puede llevar a fatiga periférica o fatiga muscular.

Esta vía se emplearía en el caso de ejercicios que requieran de **esfuerzos de elevada intensidad**. El sustrato energético fundamental es la glucosa, y esta vía supone más del 50 % de la producción de ATP en este tipo de ejercicios que van a producir fatiga.

4. Vía aeróbica

En esta vía de obtención de energía se produce gran cantidad de ATP, por lo que cuantitativamente es muy importante. Pero ese ATP se produce de forma lenta, por lo que cualitativamente es pobre.

Precisa además necesariamente oxígeno (aeróbica) para la producción de ATP.

En este caso, se puede utilizar cualquier sustrato energético, no solo hidratos de carbono (glucosa), sino también grasas (en forma de ácidos grasos libres) y proteínas (en forma de aminoácidos).

Caminar

Esta vía para la producción de energía predomina en el caso de esfuerzos que se toleran bien, realizados durante un tiempo prolongado, sin generar fatiga (**esfuerzos por debajo del umbral anaeróbico**). Puede utilizar como ya se ha dicho, tanto hidratos de carbono, como grasas, como proteínas. Aunque se debe saber que fundamentalmente utiliza grasas. Un ejemplo claro es andar.

Como norma general podemos clasificar los sustratos para la producción de energía por orden de importancia:

1.º Hidratos de carbono.

2.º Grasas.

3.º Proteínas.

CAPÍTULO 7

Músculos implicados en la ejecución de las pruebas físicas

1. Introducción

A continuación se explicará la acción muscular que se realiza en las cuatro pruebas físicas.

El cuerpo está formado por un conjunto de huesos, músculos y articulaciones.

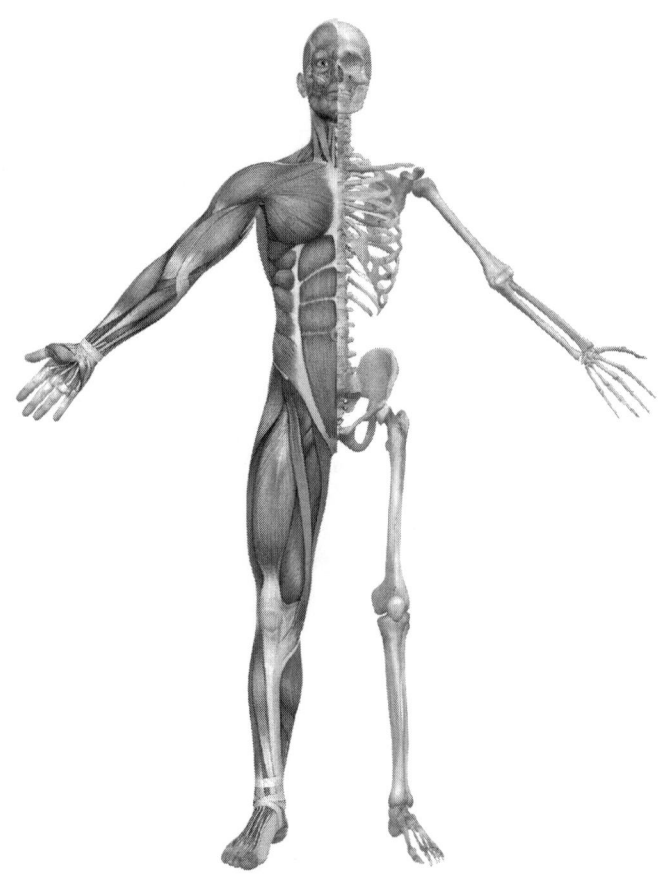

La columna vertebral sirve de sostén y nexo de unión entre el tren superior y el inferior. A través de ella, la cabeza, las extremidades superiores (brazos) y las inferiores (piernas) se unen con el tronco y conforman todo el conjunto de huesos.

Dichas extremidades están enlazadas por articulaciones, que a su vez se sostienen por medio de tendones y ligamentos.

Para mover todo el conjunto de huesos existen los músculos y, por medio de ellos, se puede realizar acciones como andar, correr, saltar, empujar, etc.

A continuación, se analizarán las principales partes del cuerpo humano que ayudarán a la realización de las cuatro pruebas físicas del proceso de selección para el ingreso en esta categoría profesional.

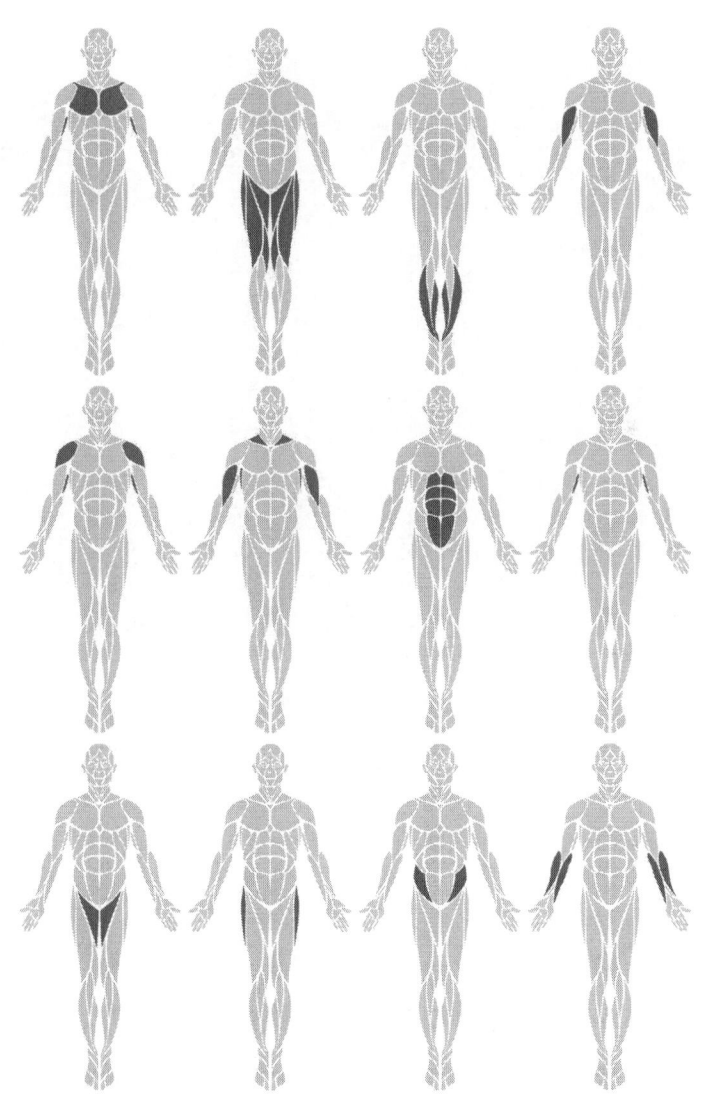

2. Press de banca

Es una prueba que evalúa la fuerza extensora de los brazos. Los principales músculos implicados son el pectoral y el tríceps.

En menor medida, también participa el deltoides anterior.

Asimismo, los abdominales y lumbares trabajan para mantener una buena posición corporal.

Press de banca

3. Circuito de agilidad

Dado que es un ejercicio de carrera esquivando obstáculos, actúan casi todas las partes del cuerpo.

A la hora de desplazarse trabajan los cuádriceps, isquiotibiales y gemelos.

Los aductores se encargan de frenar en cada cono y valla, haciendo que el cuerpo cambie la dirección hacia el siguiente obstáculo.

Para pasar por debajo de la valla se utilizan los músculos extensores del tronco, pectoral y tríceps.

La zona central del cuerpo, abdominales y lumbares, interviene a la hora de saltar o pasar cada valla. Asimismo, también intervienen los cuádriceps, psoas ilíaco, isquiotibiales y gemelos.

Test de agilidad

4. Course Navette

Esta es una prueba de resistencia muscular y de resistencia aeróbica.

A grandes rasgos, los músculos que intervienen en el buen desarrollo de esta prueba son los siguientes:

– Principales: cuádriceps, isquiotibiales y gemelos.

– Secundarios: psoas ilíaco y glúteo.

El corazón tiene un gran protagonismo ya que debe bombear la suficiente sangre para que los músculos implicados puedan ejercer los movimientos pertinentes.

Course Navette

5. Natación

En el medio acuático el desplazamiento se realiza con la ayuda de todo el cuerpo. Por ello se dice que la natación es uno de los deportes más completos. No obstante, hay músculos más importantes que otros.

En esta prueba el estilo a utilizar es libre, siendo más común el llamado crol, ya que es el más rápido. Los músculos del tren superior tienen una función propulsora y la musculatura del tren inferior más bien estabilizadora, es decir, ayudan a mantener una buena posición hidrodinámica para un eficiente deslizamiento (horizontal y paralela a la superficie). Las piernas ayudan en el desplazamiento, pero más bien poco.

Los músculos que intervienen en la ejecución de esta prueba son estos:

– Principales: dorsal ancho, pectoral, tríceps, bíceps, deltoides anterior y posterior.

– Secundarios: abdominales, lumbares, cuádriceps, isquiotibiales, gemelos, psoas ilíaco y glúteo.

Prueba en el medio acuático

CAPÍTULO 8

Test de valoración anatómica

Índice

1. Índice de Masa Corporal (IMC)

El IMC es el índice de masa corporal y **relaciona el peso y la altura** mediante la siguiente fórmula:

IMC= peso (kg)/altura^2 (m)

Del resultado de esta división salen los siguientes resultados e interpretaciones:

<16.00: Infrapeso, delgadez severa.

16.00 - 16.99: Infrapeso, delgadez moderada.

17.00 - 18.49: Infrapeso, delgadez aceptable.

18.50 - 24.99: Peso normal.

25.00 - 29.99: Sobrepeso.

30.00 - 34.99: Obesidad grado I.

35.00 - 40.00: Obesidad grado II.

>40.00: Obesidad grado II (mórbida).

> **Recuerda que...**
>
> La densidad de la masa muscular es mayor que la de la masa grasa. Por lo tanto, aunque se pierda mucha grasa, si se gana músculo, el peso corporal puede seguir siendo el mismo o incluso mayor que antes.

Un **IMC bajo** se debe a la desnutrición y el cuerpo no obtiene la cantidad suficiente de nutrientes y energía que necesita. Esto puede ocasionar problemas como:

- anemia,
- desequilibrios hormonales,
- poca densidad ósea promoviendo la aparición de osteoporosis,
- bajas defensas en el sistema inmunológico,
- problemas cardíacos…

Asimismo, pueden aparecer diversos síntomas como el déficit de energía, problemas para conciliar el sueño, frecuentes enfermedades, estreñimiento, dolor de pecho y palpitaciones cardíacas.

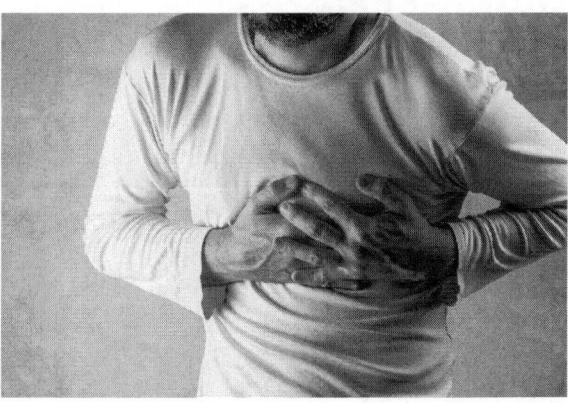

Un **IMC alto** puede derivar en los siguientes problemas:

- Enfermedades coronarias.
- Infarto cerebral.
- Alteración de los niveles de los lípidos (por ejemplo, triglicéridos y colesterol LDL alto, colesterol HDL bajo, etc.).

- Trastorno respiratorio produciendo apnea del sueño.

- Cáncer de colon, de mama y de endometrio.

- Tensión arterial alta.

- Diabetes mellitus (tipo II o no insulinodependiente).

- Artrosis.

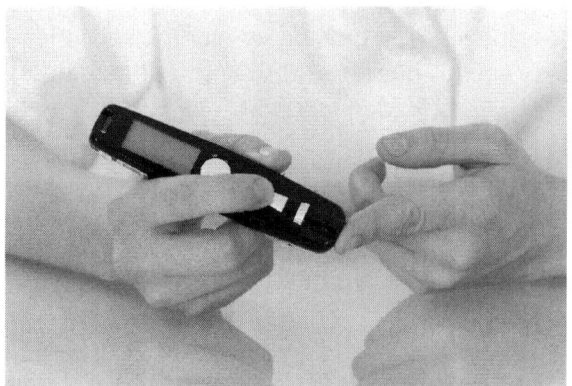

2. Índice Cintura-Cadera (ICC)

Para evitar el error de fijarse solo en la báscula, se deben realizar mediciones de **perímetros corporales** significativos de **cintura y cadera** (para más información, se podrían medir el pectoral, brazo y la pierna). De esta forma, se obtienen más datos a la hora de controlar la morfología corporal.

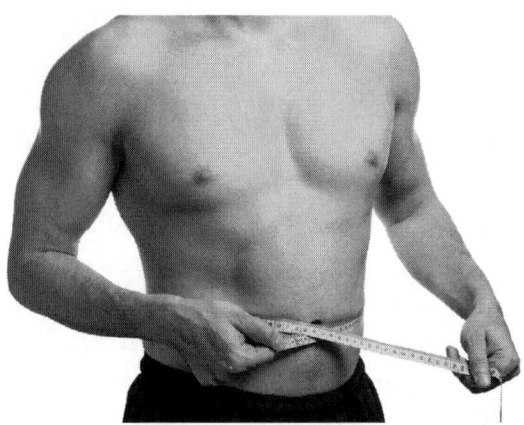

Las mediciones se pueden realizar con una cinta métrica (de costurera o de carpintero). Hay que rodear todo el contorno de la zona, con el fin de saber el perímetro corporal. Una vez obtenido los valores de la cintura y de la cadera, se deben usar en la siguiente fórmula:

ICC= cm de cintura / cm de cadera

- ICC = 0,71-0,84 normal para mujeres.

- ICC = 0,78-0,94 normal para hombres.

Valores mayores: síndrome androide (cuerpo de manzana). Suele darse en hombres con exceso de peso y un gran acúmulo de grasa en la zona abdominal. También aparece en esa zona en mujeres con menopausia.

Valores menores: síndrome ginecoide (cuerpo de pera). Suele darse en mujeres con exceso de peso y un gran acúmulo de grasa en la zona de las caderas y glúteos.

Ambos resultados fuera de valores conllevan un riesgo similar al producido por tener un IMC alto.

3. Somatotipo

 Recuerda que...

Como se comentaba en el capítulo 3, el somatipo es un sistema diseñado para clasificar el tipo corporal o físico. Es utilizado para estimar la forma corporal y su composición. Se utiliza como instrumento en las evaluaciones de la aptitud física en función de la edad y el sexo.

Para tener una idea del somatotipo que tiene cada sujeto, Thibadeau hace la siguiente clasificación:

- **Ectomorfo**: huesos pequeños, delgado, cuerpo longilíneo, baja masa muscular.

- **Endomorfo**: huesos grandes, excesiva grasa, moderada a gran masa muscular.

- **Mesomorfo**: gran masa muscular, baja a moderada grasa, huesos grandes.

Para saber el **tipo de constitución** que tiene cada opositor, existe la siguiente prueba: rodear la muñeca izquierda con los dedos pulgar e índice de la mano derecha. En función del resultado, se obtendrá el tipo de constitución ósea:

- Normal: las puntas de los dedos se tocan.

- Gruesa: las puntas de los dedos no se tocan.

- Fina: los dedos se tocan y además se pueden montar uno sobre el otro.

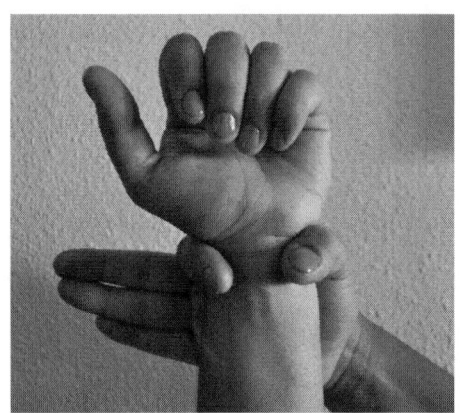

Constitución gruesa: huesos anchos

CAPÍTULO 9

Test inicial antes de comenzar la preparación

1. Introducción

Es importante una primera autoevaluación de cara a saber el punto de partida del opositor. Así, en función de los resultados obtenidos en cada una de las cuatro pruebas físicas, el opositor podrá elegir el programa más adecuado. Cada aspirante tiene un nivel diferente. No importa cuál sea, con esfuerzo y dedicación se consigue mejorar el resultado inicial. Habrá opositores que destacarán más en unas pruebas que en otras, pero todas son mejorables.

A continuación se explicará cómo **realizar de forma fiable y segura** cada una de las cuatro pruebas.

2. Press de banca

Es una prueba que evalúa la **fuerza extensora de los miembros superiores**, principalmente pectoral y tríceps; en menor medida, interviene el deltoides anterior.

También será importante tener un buen tono muscular en los músculos abdominales y lumbares, con el fin de lograr mantener una buena postura corporal a la hora de realizar las repeticiones y, así, no arquear la zona lumbar. Si la zona central del cuerpo está tonificada, será de gran ayuda para mantener el tronco alineado y evitar movimientos compensatorios que sean motivo de eliminación.

Se trata de una serie de contracciones isotónicas en las que hay una fase concéntrica (subida) en la que los músculos se acortan, y otra fase excéntrica (bajada), en la que estos se estiran.

Para realizar el test se necesitará una barra recta de 1,80 metros y discos. El peso total, sumando barra y discos, deberá ser 35 kgs. en el caso de los hombres y 25 kgs. para las mujeres.

En las pruebas físicas oficiales hay cuatro bancos para los hombres y otros cuatro para las mujeres, todos con sus respectivos examinadores.

La prueba comenzará cuando el examinador dé la señal, una vez compruebe que el opositor está preparado en la posición inicial: tendido supino sobre un banco plano, con las piernas flexionadas, pies apoyados en el suelo y manos separadas con una anchura ligeramente superior a la de los hombros. La yema del dedo pulgar debe tocar la parte lisa y rugosa de la barra. Este agarre es estándar y tiene una separación igual, ya sea para una persona alta como para una baja. Las barras de gimnasio suelen tener una parte rugosa que será la referencia a la hora de colocar las manos.

Para que cada repetición sea correcta, en la fase descendente se hará una **flexión profunda de brazos hasta que la barra toque el pecho**. La fase ascendente se hará **extendiendo completamente los brazos a nivel de los codos.**

Examen de press de banca

 Sabías que...

Una vez comenzado el ejercicio no se podrá parar, ni mover las manos del agarre inicial, ni levantar los pies del suelo, ni tampoco realizar movimientos compensatorios con el cuerpo. Si se incumple alguno de estos requisitos, se detendrá la prueba y se anotarán las repeticiones realizadas correctamente hasta ese momento.

Por lo general, las repeticiones serán contadas en voz alta. Cada vez que una repetición no sea correcta, puede que el examinador repita el número de la anterior, significando ello que la actual ha sido nula.

La barra debe tocar el pecho

Aparato de press de banca

Motivos por los cuales **no serán contabilizadas** las repeticiones:

– No tocar el pecho con la barra en la fase negativa (bajada).

– No extender los brazos en la fase positiva (subida).

– Mover las manos o los pies durante la prueba.

– Realizar movimientos compensatorios.

Causa eliminatoria: elevar las piernas

Causa eliminatoria: no hacer la extensión completa de brazos

Causa eliminatoria: no tocar el pecho con la barra

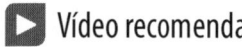 Vídeo recomendado

- **Test de Press de banca**:

  https://www.youtube.com/watch?v=J_FNUFIDIH0

 Recuerda que...

Para que sean contabilizadas el total de repeticiones del press de banca, éstas se deberán hacer con una buena técnica. Tanto a la hora de realizar la prueba como en los entrenamientos, es aconsejable mantener una buena posición corporal cumpliendo una serie de normas, sin coger malas costumbres:

- Se debe evitar hacer movimientos incompletos. Hay que procurar flexionar los brazos lo suficiente como para tocar el pecho con la barra.

- Al subir, se deben extender por completo los brazos a nivel del codo.

3. Circuito de agilidad

Es una prueba que evalúa la flexibilidad, la coordinación, la agilidad, la velocidad de reacción y la de desplazamiento. Para tener un buen resultado en su realización, no solo es necesario ser veloz sino también habrá que tener cierta habilidad para girar, frenar, agacharse, saltar, etc.

Para la construcción del circuito, bastará con ocho picas de madera o plástico, seis conos y cuatro bridas. Otra opción es usar ocho palos de escoba, seis botellas grandes llenas de arena o tierra y cuatro cuerdas pequeñas.

Hay muchas formas de preparar el circuito de agilidad. Lo importante es que cumpla las medidas que aparecen en la base de la convocatoria (ver imagen del capítulo 1 del presente libro). En el capítulo 15, se explica la técnica adecuada para llevar a cabo de forma segura el circuito de agilidad.

Circuito "casero"

Esta es la **única prueba** en la que se permiten **dos intentos** pero solo si el candidato derriba algún banderín o valla, o bien se equivoca en el recorrido. Se debe ajustar el recorrido para realizar los menores metros posibles pero sin correr el riesgo de derribo. Hay que tener en cuenta que los objetos que delimitan el recorrido tienen una superficie de apoyo pequeña, y cualquier contacto podrá producir un derribo del material del circuito de agilidad. La mayoría de opositores arriesgan en el primer intento y, si hacen nulo, van a asegurar en la segunda oportunidad.

El tipo de suelo en el que se realiza esta prueba es parquet. Hay que tener en cuenta que si se practica esta prueba en un terreno que agarre más (como cemento), el día de la prueba es más fácil resbalar, ya que el parquet es una superficie más resbaladiza.

Examen de la prueba de circuito de agilidad

 Vídeo recomendado

- **Circuito de agilidad**:

  https://www.youtube.com/watch?v=acog17YSso
  o&feature=youtu.be

---

4. Course Navette

Consiste en una prueba que evalúa la **resistencia aeróbica y anaeróbica, así como la velocidad de reacción, capacidad de aceleración y velocidad de desplazamiento**. El opositor es evaluado por medio de una carrera de ida y vuelta en una pista con una recta de 20 metros de longitud.

Debido al tiempo que puede durar el test de Course Navette, los suministros de energía suelen ser ATP, fosfocreatina, glucógeno muscular y hepático. Intervienen en menor medida las grasas, ya que es una carrera de corta-media duración. Como hay un gran consumo de oxígeno (VO_2) y una acumulación de dióxido de carbono (CO_2), dado el elevado ritmo de carrera, aparecerá una sustancia limitante en el rendimiento llamada ácido láctico.

Fuentes	Vías de formación	Tiempo inicio	Plazo acción	Duración de liberación
Anaerobia Aláctica	CrP, ATP Muscular	0	30"	10 "

.../...

.../...

Anaerobia lactácida	Glucólisis (reserva glucógeno)	15 - 20"	30" - 5 - 6 - min.	30 " - 1 min 30 "
Aeróbico	Oxidación, HC, grasas	90 - 180"	Hasta varias horas	2 - 5 min

Sistemas energéticos y sus principales características,
según Pancorbo (2002)

Es una prueba con la que se puede determinar el máximo consumo de oxígeno (VO_2 MÁX), mediante la siguiente fórmula:

$$VO_2 \text{ máximo} = 31,025 + (3,238 \times \text{Vel. en km/h}) - (3,238 \times \text{Edad}) + (0,1536 \times \text{Vel. en km/h} \times \text{Edad})$$

El protocolo del Course Navette tiene las siguientes características:

– Test audible.

– Incremental.

– Continuo (sin pausas).

– Máximo (hasta la fatiga).

– De aceleración y desaceleración (ir y volver).

Consiste en correr el mayor tiempo posible entre dos líneas separadas por 20 metros en doble sentido, ida y vuelta, con el ritmo impuesto por unos sonidos de una reproducción de audio. Antes de cada pitido el examinado debe haber llegado al final de la recta de 20 metros.

Esta prueba se realiza en grupos de hasta 15-20 personas. Cada opositor tendrá delimitado un carril por el que debe correr sin entorpecer a los demás.

Corredor realizando la prueba de carrera por su calle

Para la realización de la prueba será necesario un reproductor de sonido, con el fin de marcar los ritmos de carrera. El Course Navette comienza a una velocidad de 8 km/h y se mantiene durante el primer minuto. En cada periodo hay que realizar un número de rectas determinado por la velocidad impuesta por cada sonido. El objetivo de la prueba es que el sujeto se encuentre en un extremo u otro del trazado, antes de que suene la señal.

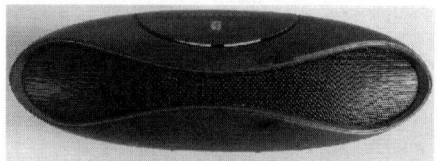

Reproductor de sonido

Corredor esperando la señal acústica en la zona correspondiente

Cada minuto cambia el periodo y, por tanto, la velocidad. Hay un incremento de 0,5 km/h, excepto del primer periodo al segundo que el aumento es de 1 km/h. Este cambio entre periodos se marca por medio de un sonido distinto al del inicio de cada carrera de 20 metros.

PERIODO	KM/H
1	8
2	9
3	9,5
4	10
5	10,5
6	11
7	11,5

.../...

.../...

8	12
9	12,5
10	13
11	13,5
12	14
13	14,5
14	15

Velocidad según el periodo

Con esta tabla de datos se puede calcular el tiempo máximo para recorrer la distancia de 20 metros en cada uno de los periodos.

Como se puede apreciar en la siguiente tabla, cuanto mayor es el periodo, más alta la velocidad impuesta por los pitidos. Consecuentemente, el tiempo disponible para correr los 20 metros se va haciendo cada vez menor.

Fases (minutos)	Velocidad en km/h	Tiempo fraccionado (segundos)	Distancias recorridas (m)
1	8	9.00	133
2	9	8.00	283
3	9.5	7.58	441
4	10	7.20	608
5	10.5	6.86	783
6	11	6.54	966
7	11.5	6.26	1158
8	12	6.00	1358
9	12.5	5.76	1566
10	13	5.54	1783
11	13.5	5.33	2008
12	14	5.14	2241
13	14.5	4.97	2483
14	15	4.80	2733

Tiempo fraccionado de cada periodo

Con el fin de **entrenar el factor psicológico,** es importante realizar el test una vez al mes. No es lo mismo correr en la calle o en un parque, que en una recta de 20 metros haciendo trazados en el mismo escenario.

Puede llevarse a cabo en una pista de atletismo, en un campo de fútbol sala, baloncesto o en otra zona. Lo importante es que la recta mida 20 metros. Hay parques con distancias ya medidas, aunque con un metro de carpintero es sencillo determinar la distancia de 20 metros. Hay que tener en cuenta que el terreno sobre el que se realiza la prueba oficial es cemento. Por lo tanto, se debe realizar algún test sobre dicho tipo de suelo.

Etapa	Vel	1	2	3	4	5	6	7	8	9	10	11	12	13
1	8,5	20	40	60	80	100	120	140						
2	9	160	180	200	220	240	260	280	300					
3	9,5	320	340	360	380	400	420	440	460					
4	10	480	500	520	540	560	580	600	620					
5	10,5	640	660	680	700	720	740	760	780	800				
6	11	820	840	860	880	900	920	940	960	980				
7	11,5	1000	1020	1040	1060	1080	1100	1120	1140	1160	1180			
8	12	1200	1220	1240	1260	1280	1300	1320	1340	1360	1380			
9	12,5	1400	1420	1440	1460	1480	1500	1520	1540	1560	1580			
10	13	1600	1620	1640	1660	1680	1700	1720	1740	1760	1780	1800		
11	13,5	1820	1840	1860	1880	1900	1920	1940	1960	1980	2000	2020		
12	14	2040	2060	2080	2100	2120	2140	2160	2180	2200	2220	2240	2260	
13	14,5	2280	2300	2320	2340	2360	2380	2400	2420	2440	2460	2480	2500	
14	15	2520	2540	2560	2580	2600	2620	2640	2660	2680	2700	2720	2740	2760

Número de rectas recorridas en cada periodo y distancia acumulada

Es preferible entrenar la carrera por tierra o hierba para **evitar lesiones por sobrecarga**, y que los impactos sobre el suelo no tengan tanta repercusión sobre las articulaciones de cadera, rodilla y tobillo. Una excepción puede ser el día que se realice el test, que será preferible que se haga sobre cemento, como el día de la prueba oficial.

Entrenamiento de carrera en terreno blando (tierra de un parque)

Para la mejora de esta prueba se emplean ejercicios de musculación de todo el cuerpo, incluido el tronco (abdominales, lumbares, flexiones, etc.).

Causas eliminatorias:

– No pisar la línea en el momento señalado por el dispositivo audio.

– Ir por delante del ritmo que marca la señal sonora.

– Realizar el cambio de sentido sin haber pisado la línea.

– Hacer giros circulares, en lugar de pivotar sobre la línea.

Si algún opositor comete alguna de estas infracciones, se le dará un primer aviso. En el caso de cometer cualquier infracción otra vez, se dará por finalizada la prueba y se anotará el último periodo completo.

Causa eliminatoria: no pisar la línea del final de los 20 metros

 Sabías que...

Un récord que llevaba años sin batirse en maratón se superó por el uso de ejercicios de musculación y pesas. Para la mejora de la carrera es importante el trabajo muscular y no solo aeróbico.

 Vídeos recomendados

Test de Course Navette:
https://www.youtube.com/watch?v=CigxEEySkC8

Se recomienda el uso de cronómetro para controlar en todo momento el tiempo restante para acabar cada periodo. El uso de este aparato está permitido por los examinadores.

Cronómetro

 Recuerda que...

Es importante controlar el ritmo de carrera en cada periodo para no ser eliminado por no llegar a tiempo a las zonas de los extremos.

5. Natación

Esta prueba mide la **capacidad de adaptación al medio acuático**. El ser humano no está familiarizado con la vida en el agua y, consiguientemente, con el desplazamiento en ella. No obstante, la natación es uno de los deportes más completos, ya que trabaja gran cantidad de músculos del cuerpo y quizá el más saludable ya que no tiene impacto alguno. Otros ejercicios aeróbicos o cardio-vasculares movilizan principalmente el tren inferior, es decir, las piernas. En cambio, con la natación se mueven los brazos y las piernas.

💬 Sabías que...

El cuerpo humano pesa 10 veces menos en el agua, por lo que el impacto del deporte de la natación es mínimo. Ejemplo, en un adulto de 70 kilos, las articulaciones de cadera, rodilla, tobillo, etc. soportan una carga de tan solo 7 kilogramos.

Por su corta distancia, mide **la velocidad de reacción, de desplazamiento y la aceleración**. Sobre todo, va a determinar la resistencia anaeróbica láctica que tiene el opositor ya que hay una acumulación de ácido láctico (sustancia residual creada en la sangre por un déficit del suministro de oxígeno, limitando el rendimiento).

Los sistemas de energía utilizados son ATP muscular, fosfocreatina, glucógeno muscular.

El **estilo** a utilizar es **libre**. Generalmente, se elige crol dado que es el más rápido de todos (boca abajo con movimiento alternativo de brazos y piernas).

Natación de 50 metros

Para la realización del examen de esta prueba se utiliza una piscina de 25 metros. Por lo tanto, se deberá nadar en sentido de ida y de vuelta.

Aunque la distancia a nadar es corta, cada opositor tiene que ser consciente de sus posibilidades y controlar el ritmo de nado. Hay que dosificar fuerzas y es importante una buena estrategia de nado. Habrá aspirantes a los que les convenga salir nadando a un ritmo alto y luego mantener el ritmo. Por otro lado, habrá opositores que elegirán una estrategia más conservadora y empezarán con una velocidad moderada e irán aumentándola posteriormente.

Para tener una referencia inicial, se debe realizar la prueba de natación con la ayuda de un compañero que dé la **salida** al aspirante **de forma sonora**, al igual que el día de la prueba oficial. En la pared de llegada de los 50 metros habrá un pulsador con el que se detendrá el cronómetro.

5.1. Comienzo de la prueba

La posición inicial en la prueba de natación es de pie en el borde de la piscina. Conviene realizar un **salto de cabeza** y un posterior deslizamiento por debajo del agua. De esta forma, se gana tiempo y se ahorra energía ya que hay una fase de buceo, en la que es importante adquirir una buena posición hidrodinámica estirando bien los brazos en prolongación del cuerpo, escondiendo la cabeza entre los mismos. La posición de los pies puede ser con uno adelantado y otro atrasado, o bien los dos a la misma altura. Una vez situados, se debe realizar el salto flexionando las piernas entre 70 y 90 grados, como si se hiciese un salto horizontal en tierra.

Salto desde el bordillo con los pies a la misma altura

Salto desde el bordillo con un pie adelantado y otro atrasado

A la hora de la entrada al agua, el cuerpo debe estar alineado y con un ángulo de unos 45 grados respecto a la horizontal. Si la entrada tiene mayor inclinación, el opositor caerá en picado hacia el fondo de la piscina y tardará en subir a la superficie para continuar con el nado. Si por el contrario, el cuerpo va más plano y paralelo a la superficie, la entrada al agua no tiene apenas desliza-miento y se corre el riesgo de contactar con el agua en una superficie demasia-do amplia, golpeándose el opositor en el abdomen y piernas (vulgarmente se conoce como planchazo).

Entrada al agua con el cuerpo no alineado

Entrada al agua con el cuerpo alineado

Una vez realizada la entrada en el agua, el cuerpo debe deslizarse por debajo de la misma pocos metros y subir a la superficie cuanto antes. Para ello se pueden utilizar 3-4 patadas de crol o un par de batidos de delfín (patadas cortas con las piernas juntas).

Batido de delfín

5.2. Desarrollo de la prueba

Cuando el cuerpo esté en la superficie, se deben realizar las primeras brazadas. Como ya se ha dicho, el estilo más rápido es el crol. El nadador tendrá ya un déficit de oxígeno, por lo que debe realizar su primera respiración. Es conveniente sacar la cabeza lateralmente para coger aire, haciendo un rolido de hombros que provoca un giro en el eje longitudinal del cuerpo. Si la inspiración se hiciese frontalmente, mirando hacia adelante, los hombros y pecho ascenderían y las piernas perderían la posición horizontal y paralela al agua (hidrodinámica).

El oxígeno se debe coger por la boca al sacar la cabeza fuera del agua (inspiración). Antes de ello, se debe soltar el dióxido de carbono (aire ya utilizado) por la nariz y/o boca dentro del agua (espiración). Hay que buscar un equilibrio entre la distancia a recorrer y el número de respiraciones por brazadas. Opositores con baja condición física necesitarán respirar cada menos brazadas (por ejemplo, cada 2). Por otro lado, los aspirantes que están más en forma necesitarán menos suministro de oxígeno durante la prueba y sacarán la cabeza para respirar cada 3-4 brazadas. El hecho de sacar la cabeza lateralmente para respirar cambia un poco la posición hidrodinámica del cuerpo y hace que se frene un poco en cuanto al avance. No obstante, no conviene restringir el suministro de oxígeno por favorecer la posición de deslizamiento. Para nadar rápido se necesita tener oxígeno en los pulmones.

Respiración lateral en el estilo de crol

Esta prueba consiste en nadar 50 metros en una piscina con una longitud de 25 metros. Por lo tanto, los aspirantes deberán hacer un largo de ida y otro de vuelta.

Este hecho obliga a hacer un giro al acabar los 25 primeros metros. Una vez que se llega a la pared, es obligatorio tocarla con la mano. Por ello, no tiene sentido hacer la voltereta o viraje, ya que no se cumpliría este requisito. Con este tipo de giro en la pared, el opositor se puede beneficiar al coger una gran bocanada de aire. En cualquier caso, no se debe hacer un descanso agarrándose al bordillo porque sería motivo de eliminación.

El cambio de sentido se hará mediante un impulso con los pies en la pared, adquiriendo un ángulo de 90 grados a nivel de las rodillas. En el momento del impulso, los brazos deben estar extendidos, con la cabeza oculta entre los mismos. Posteriormente, debe haber un deslizamiento en la misma posición hidrodinámica con la que se entra en el agua y encadenarlo con brazadas de crol una vez que se alcance la superficie. Los batidos de pierna estilo delfín o mariposa son de gran ayuda, tanto para avanzar como para que el cuerpo llegue a la superficie para poder hacer brazadas.

Contacto con la pared y giro

5.3. Llegada a la meta

Al final de los 50 metros estarán los examinadores para comprobar que los nadadores completan la distancia tocando un pulsador en la pared.

Llegada al final de los 50 metros, tocando la pared

Causas eliminatorias:

– Apoyar los pies en el fondo de la piscina.

– Asirse a la pared o a las corcheras para descansar.

– Una vez acabado el primer largo, no tocar la pared con la mano.

– Realizar dos salidas nulas.

– No realizar la prueba con gorro.

Causa eliminatoria: asirse a la corchera para descansar

CAPÍTULO 10

Interpretación de los test: nivel de condición inicial

Lo primero a tener en cuenta es el estado de forma física actual. Para ello, el opositor deberá realizar un test inicial de las cuatro pruebas físicas.

 Recuerda que...

Para que las cuatro pruebas físicas promedien entre sí, es necesario obtener al menos 5 puntos en cada una. No obstante, para que el opositor vaya tranquilo al examen, es aconsejable llevar bien preparadas todas las pruebas, habiendo obtenido marcas superiores.

El test inicial es importante para que el usuario conozca su **estado físico de partida** y saber cómo adaptar los entrenamientos a ese nivel. Para evitar resultados indeseados, se recomienda elegir exactamente el entrenamiento correspondiente a dicho nivel. El hecho de elegir un nivel mayor no implica una mayor mejora, sino todo lo contrario. Puede llegar a haber un gran riesgo de lesión y, si esto sucede, conllevará un retroceso en el estado de la forma física hasta el momento.

Cada aspirante tendrá que **entrenar en base a sus marcas obtenidas en primera instancia** e irá mejorando para llegar con una buena puesta a punto al día de las pruebas físicas oficiales.

HOMBRES					
Marca / Prueba	Nivel muy bajo	Nivel bajo	Nivel medio	Nivel alto	Nivel muy alto
Course Navette	menos de 9 1/2	9 1/2 - 10 1/2	11 - 12	12 1/2 - 13	13 1/2 o más
Circuito de agilidad	más de 11´´05	11"05 - 9"80	9"79 - 8"80	8"79 - 8"41	8"40 o menos
Press de banca	menos de 22	22 - 36	37 - 47	48 -49	más de 50
Natación 50 m.	más de 65´´00	65´´00 - 44´´01	44´´00 - 35´´01	35´´00 - 30´´01	30" o menos

MUJERES					
Marca / Prueba	Nivel muy bajo	Nivel bajo	Nivel medio	Nivel alto	Nivel muy alto
Course Navette	menos de 7	7 - 8	8 1/2 - 9 1/2	10 - 10 1/2	11 o más
Circuito de agilidad	más de 12´´25	12´´25 - 10"88	10´´87 - 9"80	9"79 - 9"41	9"40 o menos
Press de banca	menos de 12	12 - 26	27 - 37	38 - 39	más de 40
Natación 50 m.	más de 78´´00	78´´00 - 53´´01	53´´00 - 44´´01	44´´00 - 38´´01	38´´00 o menos

Nivel de forma física, relacionando la prueba realizada
y el resultado obtenido

Ejemplo: opositora con los siguientes resultados en el test inicial:

– Course Navette: 8 periodos (nivel bajo).

– Circuito de agilidad: 13 segundos (nivel muy bajo).

– Press de banca: 38 repeticiones (nivel alto).

– Natación 50 metros: 45 segundos (nivel medio).

Tras saber el nivel en cada una de las pruebas, el opositor podrá **elegir la carga de los entrenamientos** en los programas que se incluyen en el presente libro. Ejemplo: un entrenamiento de carrera para un opositor que ha obtenido 5 periodos en el Course Navette (nivel muy bajo), será distinto de otro entrenamiento de un opositor con una marca de 11 periodos (nivel medio). El primero necesitará caminar a ritmo medio para aguantar el tiempo indicado (p. ej. 50 minutos) y el segundo podrá realizar ese mismo tiempo corriendo a ritmo alto.

Es conveniente que cada uno elija el entrenamiento según su nivel. De lo contrario, si se rigiese por un nivel mayor, podría lesionarse. Si el nivel de entrenamiento elegido fuese menor que el que le corresponde, no mejoraría o incluso podría empeorar su rendimiento actual. Con esta guía se podrá avanzar de forma segura y afianzando los resultados.

CAPÍTULO 11

Nutrición y suplementos deportivos

Índice

1. Los grupos y tipos de alimentos

Es un hecho más que demostrado el que la alimentación de un deportista va a influir mucho en su **rendimiento deportivo**. Si se suministran los nutrientes necesarios para el buen funcionamiento del organismo, las posibilidades de éxito se multiplican. Por ello es muy importante consumir una **dieta sana y equilibrada**. De lo contrario, el entrenamiento no causará el mismo efecto.

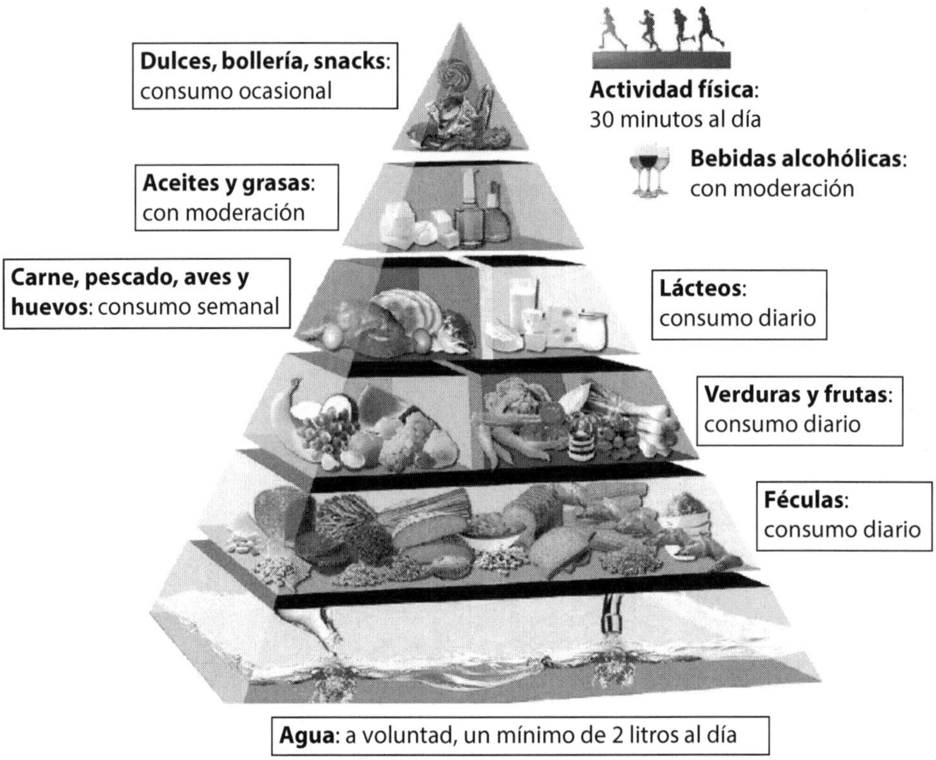

Dulces, bollería, snacks: consumo ocasional

Actividad física: 30 minutos al día

Bebidas alcohólicas: con moderación

Aceites y grasas: con moderación

Carne, pescado, aves y huevos: consumo semanal

Lácteos: consumo diario

Verduras y frutas: consumo diario

Féculas: consumo diario

Agua: a voluntad, un mínimo de 2 litros al día

Para realizar una correcta alimentación conviene conocer qué tipo de alimentos existen y de dónde provienen.

La conocida "pirámide de los alimentos" los clasifica en siete grupos:

- **Grupo I.** Dulces y snacks. Alimentos energéticos. En ellos predominan los lípidos.

- **Grupo II.** Mantecas y aceites. Alimentos energéticos. En ellos predominan los lípidos.

- **Grupo III.** Carnes pescados y huevos. Alimentos plásticos. En ellos predominan las proteínas.

- **Grupo IV**. Leche y derivados. Son alimentos plásticos. En ellos predominan las proteínas.

- **Grupo V**. Verduras y frutas. Alimentos reguladores. En ellos predominan las vitaminas y minerales.

- **Grupo VI**. Legumbres, hortalizas, frutos secos y patatas. Alimentos energéticos, plásticos y reguladores. En ellos predominan los glúcidos pero también poseen cantidades importantes de proteínas, vitaminas y minerales.

- **Grupo VII**. Féculas y cereales. Alimentos energéticos. En ellos predominan los glúcidos.

Clasificación de los alimentos

A) Según su origen

- Los de origen vegetal: verduras, frutas, cereales.

- Los de origen animal: carnes, leche, huevos.

- Los de origen mineral: aguas y sales minerales.

Cada uno de estos alimentos proporciona a nuestro organismo sustancias que son indispensables para su funcionamiento y desarrollo.

Estas sustancias son:

- Los hidratos de carbono (pan, harinas, azúcares, pastas), de alto valor energético.

- Las proteínas (carnes, huevos, lácteos, legumbres) necesarios para el crecimiento y formación de los tejidos.

- Los lípidos (grasas y aceites) productores de energía.

- Aguas y sales minerales en proporciones variables para el equilibrio de las funciones del organismo.

- Las vitaminas, sustancias químicas complejas, en cantidades mínimas, pero indispensables para el buen estado del organismo.

B) Según su descripción

- Alimentos lácteos (leche, caseína, crema, manteca, queso).

- Alimentos cárnicos y relacionados (carne, huevos).

- Alimentos farináceos (cereales, harinas).

- Alimentos vegetales (hortalizas, y frutas) .

- Alimentos azucarados (azúcares, miel).

- Alimentos grasos (aceites alimenticios, grasa alimenticias, margarina).

- Bebidas (bebidas alcohólicas, o sin alcohol, jarabes, jugos vegetales, bebidas fermentadas, vinos y productos afines, licores).

- Productos estimulantes y fruitivos (cacao y chocolate, café y sucedáneos, té, hierba mate).

- Correctivos y coadyuvantes (especias o condimentos vegetales, hongos comestibles, levaduras, fermentos y derivados, sal y sales compuestas, salsas, aderezos o aliños, vinagres).

Una buena alimentación debe ser equilibrada y completa, es decir deben estar presentes todos los grupos mencionados y cubrir todas las necesidades del individuo.

2. Necesidades nutricionales para la práctica deportiva

Una alimentación adecuada es una gran ayuda para los deportistas. En el caso de los que se preparan para unas pruebas físicas de una oposición, tiene un objetivo: ayudarles a mejorar sus marcas. Para los aficionados que practican deporte con la idea de mejorar su salud o su figura o por pasatiempo, el objetivo de una alimentación adecuada es satisfacer las necesidades nutritivas, evitando tanto las carencias como los excesos. Así pues, en consecuencia, es importante que todos los deportistas lleven una alimentación adecuada, más aún si son opositores.

- **Energía**. Las necesidades nutricionales dependen de la edad, peso, estilo de vida, estado de salud, y sobre todo, del tipo de actividad física. La dieta debe ser equilibrada para conseguir un óptimo rendimiento deportivo. La ingesta energética debe cubrir el gasto calórico y permitir al deportista mantener su peso corporal ideal.

- **Hidratos de carbono**. La ingesta óptima de carbohidratos de los opositores a las Fuerzas y Cuerpos de Seguridad debe estar en un 50-60 % del total de las calorías ingeridas, en proporción del 10 % los hidratos de carbono simples o de asimilación rápida (dulces, azúcar…) y el porcentaje restante para los hidratos de carbono complejos o de asimilación lenta (cereales y derivados, patatas, verduras…). En general, los deportistas deberían consumir una dieta alta en carbohidratos para mantener en niveles óptimos la disponibilidad de glucógeno muscular durante períodos de entrenamiento y competición, teniendo así una mayor resistencia deportiva.

- **Proteínas**. Se recomienda que las proteínas impliquen el 10-15 % de la cantidad de energía necesaria diaria. Suele darse el caso de que el deportista, ansioso de mejorar su desarrollo muscular, exagere la ingesta de proteínas. No obstante, las necesidades no superan los 2 g de proteínas por kg de peso y día (excepto en deportes de fuerza que pueden llegar hasta 3 gramos). Estos requerimientos son cubiertos por la ingesta razonable de carne, huevos, pescado y productos lácteos. Un exceso de proteínas en la alimentación puede ocasionar una acumulación de desechos tóxicos y otros efectos perjudiciales para la buena forma del deportista.

- **Lípidos o grasas**. Las recomendaciones de grasas para deportistas son 30-35 % de las calorías totales diarias. Tanto un aporte en exceso como en déficit de grasa pueden conllevar efectos negativos para el organismo. Si el contenido de lípidos de la dieta fuese reducido, existiría el riesgo de sufrir deficiencias en vitaminas liposolubles y ácidos grasos esenciales. Si por el contrario la dieta contuviese un exceso de grasa, el rendimiento físico es menor y el deportista sería propenso a una serie de alteraciones como la obesidad, problemas digestivos y cardiovasculares.

- **Agua**. En condiciones normales, necesitamos sobre dos o tres litros de agua diarios para mantener el equilibrio hídrico. En el caso de un esfuerzo físico importante y/o condiciones altas de temperatura y humedad, las necesidades de agua aumentan, pudiendo perderse hasta más de dos litros por hora. Un alto desequilibrio hídrico puede mermar nuestro rendimiento físico e incluso llegar a causar daños irreversibles por deshidratación. Es aconsejable beber antes, durante y después del ejercicio físico, sobre todo en los deportes de larga duración.

- **Minerales**. Las necesidades de calcio aumentan en mujeres con una gran actividad deportiva, en las que suele producirse amenorrea (ausencia de la menstruación). Dicho incremento del consumo de este mineral servirá para compensar sus bajos niveles de estrógenos y su menor poder de absorción intestinal de calcio. Con este efecto, se recomienda una alimentación rica en productos lácteos (leche, queso, yogur…). Las necesidades de hierro son mayores en personas que practican habitualmente deporte que en personas sedentarias. Esto se debe a que sus pérdidas son superiores y a que tienen unos niveles mayores de hemoglobina en sangre. Además, las mujeres deberán compensar las pérdidas que se produzcan a través de la menstruación. Por lo tanto, mujeres deportistas deberán aumentar el consumo de alimentos ricos en hierro (legumbres, carne, huevos…).

– **Vitaminas**. La capacidad física disminuye cuando hay una carencia de vitaminas. En función de este hecho se ha extendido el pensamiento de que un suplemento vitamínico puede incrementar el rendimiento en una práctica deportiva. Sin embargo, los estudios realizados no corroboran que una adición de vitaminas mejore el rendimiento físico.

Un aporte suplementario de vitaminas solo puede ejercer un efecto beneficioso en el rendimiento de las personas que tengan un déficit vitamínico, y hasta que se eleven sus valores a la normalidad. Pero una persona alimentada de forma equilibrada no tendrá dicha carencia.

 Sabías que…

Un gramo de hidratos de carbono y de proteínas son 4 kilocalorías. Sin embargo, un gramo de grasas son 9 kcal.

Por lo tanto, se llegará rápidamente al 30-35 % de calorías recomendadas con poca cantidad de alimentos ricos en lípidos.

3. Reparto diario de comidas

El reparto del total energético en el transcurso del día es extremadamente importante para una buena utilización de todos los nutrientes ingeridos.

El número de comidas diarias debería ser cinco, tanto para mantener nuestro peso como para reducirlo o aumentarlo. A igual proporción, a un mayor número de comidas corresponde un rendimiento mejor, se evitan así las fatigas digestivas y los accesos de hipoglucemia. Además, mantendremos en constante funcionamiento nuestro organismo y nuestra tasa metabólica basal será elevada (es lo que quemamos en reposo con las funciones vitales básicas, como la respiración, la digestión…).

En la comida anterior al entrenamiento, es importante ingerir alimentos ricos en hidratos de carbono complejos. Esta deberá ser realizada 1 hora y media antes de la práctica deportiva.

A medida que vaya avanzando el día, es aconsejable que disminuyamos el consumo de hidratos de carbono y grasas y que aumentemos la ingesta de proteínas. A este efecto, la cena deberá contener una mayor proporción de proteínas, tanto vegetales como animales.

Una buena distribución de la energía consistiría en efectuar cinco comidas diarias.

– Desayuno: 15-25 %

– Almuerzo media mañana: 10-15 %

– Comida mediodía: 25-35 %

– Merienda media tarde: 10-15 %

– Cena: 15-20 %

Un estado nutricional óptimo no se alcanza mediante las comidas previas a la competición, ni siquiera con las ingestas de las anteriores a la prueba. Un buen estado de nutrición es el resultado de unos hábitos alimentarios practicados adecuadamente y durante mucho tiempo, con regularidad, no una cuestión de unas pocas comidas. No obstante, para personas que siguen una correcta alimentación, sí influye que los tres días anteriores a la prueba hagan una "supercompensación" de hidratos de carbono complejos (aumento del consumo de los carbohidratos complejos o de lenta asimilación, con el fin de reponer los depósitos de glucógeno muscular).

 Recuerda que...

La alimentación va a ayudar considerablemente al logro de resultados deportivos y a la mejora de las marcas en las pruebas de esta oposición.

4. Pautas nutricionales

Habrá opositores que necesiten adelgazar para estar más ligeros a la hora de realizar las pruebas físicas. A otros, en cambio, les vendrá bien ganar un poco de peso corporal y masa muscular para tener la suficiente fuerza y energía para lograr el éxito. Quienes ya tienen un peso adecuado, pueden **formar masa muscular y perder grasa corporal** para que su cuerpo sea más eficiente.

A continuación se citan unas pautas y dietas tipo para los diferentes casos de opositores. Se tomará como referencia un hombre adulto de 70 kg de peso corporal.

A) Caso 1: opositor que necesita reducir su peso

El hecho de que un aspirante a la Etzaintza tenga exceso de peso no es conveniente porque será más lento y menos ágil a la hora de realizar las pruebas físicas.

Las recomendaciones para este tipo de opositor son:

– Debe procurar que no pasen más de 3 horas entre una comida y otra. Así logrará hacer 5-6 comidas diarias y mantener en constante funcionamiento su metabolismo. Cuando se suministran alimentos al organismo cada mucho tiempo (periodos de muchas horas sin comer), este los acumula en forma de grasa como mecanismo de defensa para "sobrevivir" sin alimento mientras tanto.

  Otra ventaja de hacer un mayor número de comidas es que, con cada digestión, el cuerpo "quema" calorías.

– Si alguna vez siente mucha hambre antes de hacer una comida, deberá tomar una manzana acompañada de dos vasos de agua con el fin de saciar el exceso de apetito. Esto provocará saciedad y evitará la ansiedad, comer demasiado rápido y atiborrarse de alimentos.

– Debe evitar consumir hidratos de carbono (pasta, arroz, pan, patata…) en las horas previas a acostarse, ya que estos se acumulan en forma de grasa si no se queman por estar en un estado de reposo. Las dos comidas anteriores a dormir deberían estar basadas en proteínas (carne, pescado, huevos). Pueden ir acompañadas de ensalada o verdura.

– Es muy importante beber al menos 2 litros de agua diarios, sobre todo entre comidas. Al ingerir mucha proteína, el cuerpo necesita agua para filtrarla. Cuando se tome algo fuera de casa, se debe elegir bebidas bajas en calorías y sin gas: té sin azúcar, zumo natural recién exprimido o alguna bebida isotónica.

– Debido a la consiguiente retención de líquidos, deberá reducirse la ingesta diaria de sal y de alimentos que la contengan en exceso (cubitos de caldo de carne o pescado, mostaza, patatas fritas, frutos secos, bacalao salado, salsa de soja, galletas saladas, anchoas en aceite…).

- Los dulces están prohibidos (bollería, chocolate, azúcar refinado, chucherías, pasteles, tartas, etc.).

- Evitar el pan en las comidas principales.

- Cocinar al horno, al vapor, cocido, a la parrilla y la plancha con el mínimo aceite y siempre de oliva (echando una cucharadita en la sartén y restregándolo con una servilleta).

- Es aconsejable comer 4-5 raciones diarias de frutas y verduras.

- Es preferible usar sacarina en vez de azúcar.

- No utilizar salsas ni aceite para aderezar la comida; solo limón, una pizca de sal y vinagre (no crema balsámica).

- Se recomienda tomar una infusión después de la comida y cena (té, cola de caballo, diente de león...). Tienen propiedades digestivas y diuréticas.

- Se puede hacer una comida que no sea de dieta a la semana, pero en cantidad moderada.

- Para conseguir aún más resultados, se recomienda el uso de algún suplemento como un quemador de grasa, l-carnitina...

- Es muy importante ingerir una comida extra que sea rica en proteína justo después de entrenar. La razón es que el cuerpo está en fase de catabolismo y tiene mayor facilidad de asimilación de nutrientes y repara los músculos favoreciendo la recuperación entre entrenamientos (puede ser un suplemento de batido de proteína o el equivalente en alimentos). Para dicha ingesta, se recomienda que no pase más de media hora tras finalizar el entrenamiento.

	Lunes	Martes	Miércoles	Jueves	Viernes	Sábado	Domingo
Desayuno	Leche con cereales	Zumo natural y tostada jamón	Leche con cereales	Zumo natural y tostada jamón	Leche con cereales	Zumo natural y tostada jamón	Leche con cereales
Almuerzo	Sandwich pavo y 2 frutas	Sandwich pavo y 2 frutas	Sandwich pavo y 2 frutas	Sandwich pavo y 2 frutas	Sandwich pavo y 2 frutas	Sandwich pavo y 2 frutas	Sandwich pavo y 2 frutas
Comida	Ensalada y arroz con pollo	Legumbres y pescado a la plancha	Ensalada y pasta con verduras	Legumbres y pescado cocido	Verduras y patatas con carne	Ensalada y pescado a la plancha	Verduras y pavo al horno
Merienda	Lata atún y 2 frutas	2 claras cocidas y 2 frutas	Lata atún y 2 frutas	2 claras cocidas y 2 frutas	Lata atún y 2 frutas	2 claras cocidas y 2 frutas	Lata atún y 2 frutas
Cena	Puré verduras y tortilla de 3 claras	Ensaladas y carne a la plancha	Puré de hortalizas y pescado a la plancha	Menestra verduras y tortilla de 3 claras	Ensaladilla y pollo a la plancha	Puré verduras y tortilla de 3 claras	Caldo de pollo y pescado a la plancha

Ejemplo de dieta de 2000-2200 kilocalorías para adelgazar y perder grasa dirigido a un sujeto con un mayor gasto calórico

B) Caso 2: opositor que necesita aumentar su peso

Una extrema delgadez también es perjudicial a la hora de superar con éxito las pruebas físicas ya que es conveniente tener energía y una buena masa muscular para realizar los entrenamientos.

Las recomendaciones que este tipo de opositor debe tener en cuenta son:

- Debe procurar que no transcurran más de 3 horas entre una comida y otra. Así logrará hacer 5-6 comidas diarias y evitar la fase catabólica (destrucción del músculo) y se promoverá la anabólica (creación de masa muscular) al tener un suministro de nutrientes constante.

- Debe aumentar la cantidad de calorías diarias por medio de la ingesta de hidratos de carbono compuestos (pasta, arroz, pan, patata…) y, sobre todo, de proteínas (carne, pescado, huevos, legumbres...).

- Es muy importante beber al menos 2 litros de agua diarios, sobre todo entre comidas. Al ingerir mucha proteína, el cuerpo necesita agua para filtrarla. Cuando se tome algo fuera de casa, se debe elegir bebidas bajas en calorías y sin gas: té sin azúcar, zumo natural recién exprimido o alguna bebida isotónica.

- La comida anterior a acostarse debería ser rica en proteínas y, si contiene hidratos de carbono, que sea poca cantidad ya que estos se acumulan en forma de grasa por inactividad de las posteriores horas.

- Debido a la consiguiente retención de líquidos, deberá reducirse la ingesta diaria de sal y de alimentos que la contengan en exceso (cubitos de caldo de carne o pescado, mostaza, patatas fritas, frutos secos, bacalao salado, salsa de soja, galletas saladas, anchoas en aceite…).

- Se recomienda cocinar al horno, al vapor, cocido y la plancha con el mínimo aceite (siempre de oliva).

- Se pueden comer frutos secos pero con moderación. Contienen proteínas pero también mucha grasa.

- Si se pretende ganar masa muscular libre de grasa, deben evitarse los dulces y las salsas en las comidas. Estos tipos de alimentos tapan mucho los músculos y no permiten que sean visibles.

- Coma 4-5 frutas diarias y/o verduras diarias.

- Para aderezar se puede usar un poco de aceite de oliva, una pizca de sal y vinagre (no crema balsámica).

- Se puede tomar café con moderación.

– Se pueden hacer dos comidas que no sean de dieta a la semana, pero en cantidad moderada.

– Para conseguir mayores resultados, se recomienda el uso de suplementos nutricionales como batidos de proteína y de carbohidratos, creatina...

– Es muy importante ingerir una comida extra que sea rica en proteína justo después de entrenar. La razón es que el cuerpo está en fase de catabolismo y tiene mayor facilidad de asimilación de nutrientes y repara los músculos favoreciendo la recuperación entre entrenamientos (puede ser un suplemento de batido de proteína o el equivalente en alimentos). Para dicha ingesta, se recomienda que no pase más de media hora tras finalizar el entrenamiento.

	Lunes	Martes	Miércoles	Jueves	Viernes	Sábado	Domingo
Desayuno	Tortillas de 3 claras y leche con cereales	Zumo natural, tostada jamón y 1 plátano	Tortillas de 3 claras y leche con cereales	Zumo natural, tostada jamón y 1 plátano	Tortillas de 3 claras y leche con cereales	Zumo natural, tostada jamón y 1 plátano	Tortillas de 3 claras y leche con cereales
Almuerzo	Sandwich pavo, 2 claras cocidas y 2 frutas	Sandwich pavo y 2 frutas	Sandwich pavo, 2 claras cocidas y 2 frutas	Sandwich pavo y 2 frutas	Sandwich pavo, 2 claras cocidas y 2 frutas	Sandwich pavo y 2 frutas	Sandwich pavo, 2 claras cocidas y 2 frutas
Comida	Ensalada y arroz con pollo	Legumbres y pescado a la plancha con patatas	Ensalada y pasta con verduras y carne	Legumbres y pescado cocido con patatas	Verduras y patatas con carne	Ensalada de pasta y pescado a la plancha	Verduras y pavo al horno
Merienda	Lata atún, 2 tostadas y 2 frutas	2 claras cocidas, 2 tortitas de arroz y 2 frutas	Lata atún, 2 tostadas y 2 frutas	2 claras cocidas, 2 tortitas de arroz y 2 frutas	Lata atún, 2 tostadas y 2 frutas	2 claras cocidas, 2 tortitas de arroz y 2 frutas	Lata atún, 2 tostadas y 2 frutas
Cena	Puré verduras y pescado a la plancha	Ensaladas y ternera a la plancha	Puré de hortalizas y pescado a la plancha	Menestra verduras y tortilla de 3 claras	Ensaladilla y pollo a la plancha	Puré verduras y tortilla de 3 claras	Caldo de pollo y pescado a la plancha

Ejemplo de dieta de 2800-3000 kilocalorías para aumentar peso y masa muscular dirigida a un sujeto con un menor gasto calórico

💬 Sabías que...

La forma de calcular cuánta agua debe beber una persona es dividiendo su peso corporal entre 30. Así pues, un sujeto de 75 kilogramos deberá beber 2,5 litros de agua al día.

5. Alimentación después del ejercicio físico

La alimentación que tiene lugar tras un entrenamiento o después de una competición tiene tanta importancia como la que se lleva a cabo antes del mismo. Si la alimentación tras el ejercicio no es la adecuada, ni se ingieren los líquidos perdidos, el deportista no se va a recuperar adecuadamente o va a necesitar un mayor periodo de tiempo para conseguir estar a punto, por lo que en el entrenamiento o la competición siguiente no va a obtener el rendimiento deseado.

Es importante tomar alimentos ricos en hidratos de carbono como pan, patatas, pasta, arroz, fruta... durante los 15 minutos siguientes a un entrenamiento o competición, así como a las 2 y a las 4 horas de haber finalizado el ejercicio, de modo que los músculos puedan recuperar el glucógeno perdido. Pero en una dieta de recuperación también es importante no olvidar las proteínas, ya que algunas pueden hacer que la recuperación del glucógeno durante las primeras horas después de la competición sea más rápida. Un buen modo de ingerir alimentos proteicos es combinándolos con los ricos en hidratos de carbono obteniendo así platos tan variados como bocadillos de jamón o pavo, cereales con leche, carne o pescado con patatas...

Pero además es importante tener en cuenta que con el sudor se pierden también electrolitos como potasio y sodio por lo que es importante recuperarlos mediante la dieta. Son alimentos ricos en potasio y compatibles con una dieta de recuperación, las patatas, el plátano o los zumos de frutas, mientras que el sodio está presente en alimentos como el queso, el pan o las galletas saladas.

Después de hacer ejercicio deberíamos ingerir proteínas de alta calidad. Todas las actividades deportivas dañan las células musculares y cuanto más intensa sea el ejercicio, mas daños ocasionaran. Las proteínas adecuadas ayudan a las células a repararse.

Una hora y media o dos después de acabar el ejercicio es muy recomendable tomar bebidas ricas en proteínas (si es en polvo mejor) así como combinar un vaso de leche o un yogurt.

Para mantener o incrementar la masa muscular necesitas entre 1,25 y 1,50 gramos de proteína por kilo de peso (1,25 g/kg para deportes con balón y 1,50 g/kg para la musculación, maratones...).

6. La cafeína y el rendimiento

La cafeína tiene efectos positivos como estimular el sistema nervioso, aumentar la atención, la alerta y la habilidad mental.

El consumo de cafeína también tiene efectos negativos como la producción de ansiedad en algunas personas, desórdenes gastrointestinales, nerviosismo, irritabilidad, insomnio e incapacidad para concentrarse. El uso de la cafeína en los deportistas ha provocado mucha controversia, ya que los efectos negativos pueden alterar el rendimiento de los deportistas. Algunos estudios muestran que el consumo de la cafeína antes del ejercicio, puede aumentar el rendimiento del deportista, sin embargo, otros estudios muestran que la cafeína no beneficia en nada a los atletas. Debido a estos estudios, existen muchas teorías sujetas a discusión.

Conviene tener en cuenta los siguientes consejos si se va a consumir cafeína antes del ejercicio:

- La cafeína es un diurético que produce un desequilibrio hídrico. Es necesario beber líquidos extra para compensar las pérdidas.

- Un consumo de 3-6 miligramos de cafeína por kilogramo de peso corporal una hora antes del ejercicio, puede mejorar la resistencia en actividades que duran más de una hora.

- Consumir dosis de cafeína mayores a 6 miligramos por kilogramo de peso corporal puede producir los citados efectos negativos.

Nunca se debe probar el consumo de cafeína por primera vez antes de una competición. Los efectos psicológicos varían dependiendo de la persona y depende de la dosis, de la frecuencia con que se ingiera cafeína, de los niveles de ansiedad de cada individuo y de la composición corporal.

La cafeína está totalmente contraindicada en personas con cistitis y en las que padezcan enfermedades del corazón.

CAPÍTULO 12

Hidratación del deportista

1. Introducción

El agua es el principal componente del cuerpo, en la proporción de un 60-70 %. La calidad de los tejidos, su funcionamiento y su resistencia a enfermedades dependen de la calidad y cantidad del agua bebida. Hay muchos órganos humanos compuestos de agua:

- los huesos tienen un 25 % de agua,

- los músculos un 75 %,

- el cerebro un 76 %,

- la sangre un 82 %,

- los pulmones un 90 %...

Esto demuestra que el primer y el más esencial nutriente es el **agua**. Simple y ordinaria.

Excepto que, y es una gran excepción, esta agua necesita estar limpia, pura, y libre de contaminantes. En nuestro mundo moderno, la mejor opción de agua pura y limpia es el agua destilada a base de vapor. El cuerpo está compuesto de casi 75 % de agua, necesitamos por lo menos 8-10 vasos de agua por día para reaprovisionar el agua perdida a través de excreción y transpiración. La sangre es conocida como el líquido de la vida. El agua también es conocida como el líquido de la vida. Agua pura constituye la pureza y la salubridad de la sangre.

No hay duda de que lo que un deportista come y bebe puede afectar a su salud, a su peso y composición corporal, a la disponibilidad de sustratos durante el ejercicio, al tiempo de recuperación tras el ejercicio y, por último, a la realización del propio ejercicio.

El deportista que quiere optimizar sus resultados necesita seguir una buena nutrición e hidratación, usar suplementos y ayudas ergogénicas con cuidado, minimizar las grandes pérdidas de peso, así como comer cantidades adecuadas de diferentes alimentos. Este trabajo se centra en el análisis de uno de estos aspectos que pretenden mejorar el rendimiento de nuestros deportistas: **la hidratación.**

Dado que esta revisión trata acerca de la hidratación, es inevitable empezar hablando del agua, componente más abundante del organismo humano (aproximadamente un 65 % de nuestro cuerpo es agua), de ahí que se considere al ser humano, al igual que a cualquier otro organismo vivo, como una solución acuosa contenida dentro de su propia superficie corporal, o mar interno comunicado por multitud de fluidos acuosos.

El agua corporal contiene, en solución, electrolitos y otros solutos. Forma el líquido extracelular con el sodio como electrolito de mayor concentración y el intracelular con el potasio como electrolito más concentrado.

El agua es un nutriente no energético pero fundamental para que nuestro organismo se mantenga correctamente estructurado y en perfecto funcionamiento. Las diferencias en el agua corporal total entre distintos individuos se deben en gran parte a las variaciones en su composición corporal, es decir, se producen por diferencias en la relación existente entre tejido graso y tejido magro.

El músculo es agua en un 75 % de su peso, mientras que el agua supone solo un 20-25% del peso de la grasa. Así, resulta fácil comprender que los factores más importantes en cuanto a la influencia del contenido de agua corporal son el sexo, la edad y el peso.

De la misma forma que el agua es esencial para el organismo, el mantenimiento del **equilibrio hídrico** es fundamental para cualquier ser humano. Todo desequilibrio del mismo puede afectar negativamente al rendimiento físico y atentar contra la salud del organismo.

El consumo o ingesta hídrica procede principalmente de tres fuentes: bebidas, alimentos y agua metabólica resultante de las reacciones químicas que se suceden en nuestro organismo. Mediante el control del peso corporal antes y después del ejercicio, podemos intuir cuál ha sido el grado de deshidratación del sujeto.

2. Bebidas isotónicas para una correcta hidratación

La base fundamental de las bebidas de reposición está dada por la presencia de carbohidratos, vitaminas y minerales disueltos en el agua.

En la actualidad existen diferentes tipos de bebidas recuperadoras de carácter comercial, pero todas con las características antes expuestas en su constitución.

3. ¿Cómo podemos suplir estas bebidas comerciales en la base?

A continuación se exponen algunas formas de elaboración:

- Se puede utilizar un sobre de sales de hidratación oral en un litro de agua o jugo de fruta natural.

- A un litro de agua o jugo natural agregar 20 gramos de fosfato de glucosa, 3,5 gramos de cloruro de sodio (sal común), 2,5 gramos de bicarbonato de sodio, 1,5 gramos de potasio, se le puede incluir una tableta de polivitaminas y minerales.

- A un litro de agua o jugo de frutas agregar 20 gramos de glucosa, 0,3 gramos de vitamina C, 2 gramos de fosfato ácido de sodio, 2 gramos de cloruro de sodio y 2 gramos de magnesio y de potasio , puede incluir 20 miligramos de vitamina C y 0,3 gramos de vitamina B1.

Dentro de estos parámetros el entrenador o el atleta puede elaborar diferentes bebidas para la hidratación. Es importante destacar que con ellas se restituye la pérdida de agua, electrolitos y se produce la reposición calórica con los carbohidratos.

4. ¿Cuándo ingerir estos líquidos?

Resulta conveniente tomar líquido (o seguir tomándolo durante la actividad, entre 150 a 200 mililitros cada 15 a 20 minutos de ejercicios) y tras finalizar la misma y en dependencia de la intensidad y duración. La medida podría estar en la recuperación casi completa del peso corporal, menos 250 gramos, y en la recuperación fisiológica. Es importante que la ingestión se realice a pequeños sorbos ya que esta pauta acelera el vaciado gástrico.

5. Cómo hidratarse

– **Antes del ejercicio.** Tomar medio litro de líquido antes de ir a dormir la noche antes de la competición, por lo menos otro ½ litro al levantarse en la mañana para garantizar el equilibrio de líquidos en el cuerpo. Posteriormente se deberá beber de ½ litro a 1 litro aproximadamente 1 hora antes del evento y de ¼ a ½ litro 20 minutos antes.

– **Durante el ejercicio.** Los atletas deben empezar a tomar líquidos antes del ejercicio y en intervalos regulares durante el mismo, para reemplazar toda el agua que se pierde a través del sudor y lo ideal es hacerlo de 1 vaso a 2 vasos cada 15 o 20 minutos (o en cada estación durante la carrera)

  Se recomienda que los líquidos estén más fríos que la temperatura ambiente (entre 15-22 ºC) y que tengan buen sabor para incrementar el deseo de beber y promover que el reemplazo de líquidos sea suficiente.

– **Después del ejercicio.** Lo ideal es tomar líquidos ricos en azúcares (sobre todo en glucosa) ya que además de ayudar a establecer el equilibrio de líquidos en el cuerpo, los azúcares contenidos en el líquido vuelven a abastecer las reservas de carbohidratos perdidos durante la carrera de una manera rápida.

 Sabías que...

En los últimos 20 años numerosas investigaciones han reflejado los efectos beneficiosos de la nutrición durante la realización de ejercicio físico.

6. ¿Qué pasa si una persona se hidrata?

– Mantiene el volumen de líquidos y electrolitos en equilibrio.

– Retrasa la fatiga.

– Tiene un óptimo rendimiento.

– Evita síntomas como calambres, mareos, enrojecimiento de la piel, y náuseas, entre otros.

7. ¿Qué pasa si no se hidrata?

- Provocará deshidratarse y su sangre se hará cada vez más espesa, siendo más difícil el transporte de oxígeno y glucosa hacia las células.

- Se fatigará pronto.

- Su cuerpo se sobrecalentará y sudará en exceso tratando de bajar la temperatura corporal.

- Tendrá calambres, mareos, visión borrosa, náuseas y falta de coordinación.

8. El agua en el organismo

Las funciones más importantes que el agua ayuda a realizar en el organismo son:

- La respiración.

- La digestión.

- La regulación de la temperatura del cuerpo.

- Es esencial para transportar nutrientes como el oxígeno y las sales minerales, en la sangre.

- Ayuda a mantener el equilibrio y la presión sanguínea.

- Regula la acidez estomacal.

- Mantiene el metabolismo.

- Ayuda a regular todas las reacciones del cuerpo.

El agua es fundamental para equilibrar las reacciones enzimáticas. El agua debe contener sodio, potasio y cloro, para que el riñón no la elimine completamente a través de la orina. El sodio, que se encuentra en el agua, es el soluto más importante para el balance hidroelectrolítico del cuerpo, fundamental para mantener el organismo en un perfecto equilibrio", explica.

El especialista recomienda consumir dos litros y medio de agua diarios, sobre todo en verano, cuando a través de la transpiración se pierde un alto porcentaje de agua. Esto es, alrededor de 1,5 ml por kilo de peso corporal al día. El cuerpo elimina diariamente dos litros y medio de agua por concepto de respiración, transpiración, orina y heces. A la vez, requiere suplir esta pérdida obteniendo agua en su forma tradicional, a través de los alimentos o del mismo organismo, de la siguiente forma:

Entrada/ Salida:

- Agua por la boca: 1,3 litros. Orina: 1,5 litros.

- Líquido en alimentos: 1 litro. Heces: 200 ml.

- Oxidación del metabolismo interno: 300 ml. Respiración: 300 ml.

- Transpiración: 600 ml.

Total: 2,6 litros. Total: 2,6 litros.

El agua, además, tonifica el organismo y es especialmente beneficiosa para los deportistas. Asimismo, ayuda al cuerpo a utilizar los depósitos de grasa para convertirlos en energía y para eliminarlos mediante la orina.

En cuanto a su efecto estético, el agua ayuda a hidratar piel y músculos. Así, un cuerpo bien hidratado y tonificado por el agua se refleja en una piel tersa y en un tejido muscular más firme y elástico.

9. Componente esencial

El total de líquido del que se compone el cuerpo está distribuido de la siguiente forma:

- Células: 55 %.

- Líquido intersticial (rodea las células): 20 %.

- Tejido conjuntivo, piel y músculos: 7,5 %.

- Plasma: 7 %.

- Líquido transcelular: 2,5 %.

- Otros: 8 %.

Una persona puede pasar alrededor de cinco semanas sin recibir proteínas, carbohidratos y grasas, pero no puede sobrevivir más de cinco días sin beber agua.

10. Resumen

Es fundamental **mantener la hidratación antes, durante y después** de la práctica de **ejercicio físico**. Es extremadamente importante para la regulación de la temperatura, la función cardiovascular y el rendimiento físico. Para que nuestro organismo funcione correctamente es esencial mantenerlo con la proporción de agua que le corresponde. Las **necesidades de agua** varían en función de la edad y peso. Se supone un requerimiento promedio de 1 ml/kcal; es decir, entre **2 y 2,5 litros de agua al día**.

Estas necesidades pueden verse incrementadas con el ejercicio físico. **Aumenta la temperatura corporal y el cuerpo necesita refrigerarse** y lo hace aumentado la secreción de sudor y, en consecuencia, se pierde agua corporal. Si no se hace nada para compensar dicha pérdida, el cuerpo se irá deshidratando poco a poco a medida que avanza el ejercicio.

Sudoración debida al ejercicio físico

Si esperamos a tener sed para empezar a beber, habremos perdido aproximadamente el 2 % del peso corporal en agua, que se traduce en una disminución del 20 % del rendimiento deportivo. Si el ejercicio se realiza, además, en unas condiciones serias de calor y/o humedad, las pérdidas de líquido corporal se incrementan.

Los primeros **síntomas de deshidratación** que pueden aparecer son: fatiga, mareos y disminución del rendimiento.

El objetivo de la reposición de líquidos es que tanto circulación como sudoración se mantengan en niveles óptimos, garantizando así un rendimiento deportivo óptimo sin problemas de salud. La mejor forma de hidratarse es beber poco a poco a intervalos regulares para poder reemplazar toda el agua que se pierde a través del sudor. Por tanto, es importante no solo beber antes y después del ejercicio físico, sino también durante. Mientras se realiza ejercicio podemos o bien beber agua, o una bebida isotónica.

No obstante, como en todo, excederse en la hidratación tampoco es conveniente por riesgo de sufrir hiponatremia, un trastorno que se produce cuando las concentraciones de sodio en sangre bajan de forma anormal para el buen funcionamiento del sistema nervioso.

CAPÍTULO 13

Lesiones deportivas: cómo evitarlas

1. Introducción

La **lesión deportiva** se define como un accidente traumático o estado patológico producido como consecuencia de la práctica de cualquier deporte.

2. Tipos

- **Agudas**: producidas repentinamente por un hecho traumático.

- **Crónicas**: tienen un inicio lento y sin síntomas aparentes, agravándose progresivamente.

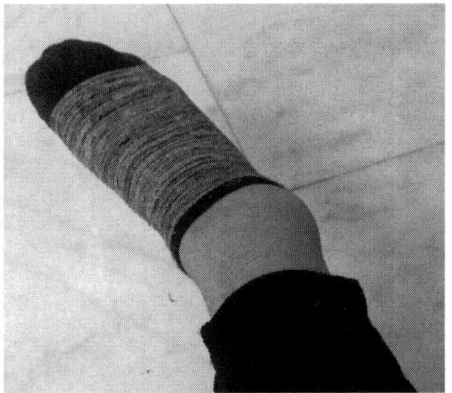

Lesión aguda: esguince de tobillo

3. Causas de las lesiones deportivas

Las principales causas son:

- Falta de conocimientos básicos del deporte.

- Falta de entrenamiento físico, técnico, táctico y psíquico.

- Descompensación corporal.

- Escaso dominio de la técnica.

- No ser consciente de las propias limitaciones.

- Deshidratación.

- Mala higiene (por ejemplo, las caries pueden derivar en roturas fibrilares).

- Excesiva fatiga o sobreentrenamiento.

- Alimentación incorrecta.

- Calentamiento nulo, escaso o mal realizado.

- Vuelta a la práctica de un deportista no repuesto totalmente de una lesión.

4. Fases de la lesión deportiva

Los programas de rehabilitación de una lesión deportiva deben estar basados en la siguiente estructura del proceso de curación.

4.1. Fase inflamatoria aguda

Sus características son enrojecimiento de la zona lesionada, calor, tumefacción, hinchazón, dolor y a veces puede haber impotencia funcional.

Se debe aislar del resto del cuerpo la zona dañada para que los glóbulos blancos reparen las células lesionadas.

4.2. Fase inflamatoria crónica

El proceso de inflamación aguda no elimina al agente causante de la lesión y se implican reparadores de mayor eficacia.

4.3. Fase de curación, cicatrización o reparación

Duración: 2-6 semanas.

En esta fase el deportista todavía puede mostrar sensibilidad al tacto y se quejará en situaciones que tenga que movilizar la estructura lesionada. A medida que el proceso de cicatrización va avanzando, el dolor irá desapareciendo.

4.4. Fase de maduración

Es la fase de mayor duración. Se produce una reorganización de las fibras de colágeno que forman el tejido de cicatrización y se van a formar unas líneas paralelas a las líneas de tensión del tejido. Para ello es importante un cierto esfuerzo con el cual producir un aumento de la fuerza a través de ejercicios de rehabilitación.

Por norma general, en la tercera semana se habrá formado una cicatriz fuerte y resistente. Sin embargo, para la curación completa de la lesión pueden pasar varios años.

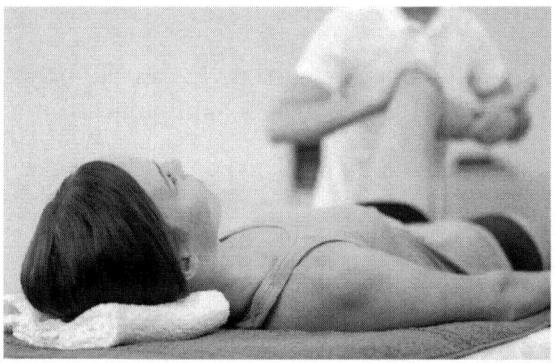

5. Factores que influyen en la curación

Fundamentalmente son los siguientes:

– Extensión de la lesión.

– Edema.

– Hemorragia.

– Suministro vascular deficiente.

– Infección.

– Salud, edad y nutrición.

6. Prevención de la lesión deportiva

6.1. Consideraciones sobre el entorno

Para prevenir lesiones deportivas es conveniente tener en cuenta los siguientes aspectos sobre el entorno:

- **Instalaciones deportivas**: tipo de superficie. Por ejemplo, hay terrenos más reactivos y no absorben los impactos producidos al correr o saltar.

- **Material deportivo**: regulación del sillín de la bicicleta, uso de protectores, acolchado de materiales…

- **Calzado**: es la parte más importante de la vestimenta porque durante el ejercicio se ejerce una fuerza varias veces mayor que el peso corporal, la cual es absorbida por el calzado, el pie y la pierna. Por lo tanto, el calzado (e incluso la plantilla) evitan lesiones por sobrecarga. Hay que prestar especial atención a deportistas con alguna anomalía en la pisada (pie plano, pie cavo, pronador, supinador...). Un estudio de la pisada y una buena plantilla pueden prevenir muchas lesiones como periostitis, tendinitis, fascitis plantar, etc.

6.2. Consideraciones sobre el deportista

El opositor debe tener en cuenta estos aspectos para evitar las lesiones en los entrenamientos:

- **Preparación física**: dinámica de cargas (intensidad, volumen y frecuencia), periodización en 3 estadios.

- **Nutrición**: aprovechamiento de recursos energéticos, con la consiguiente mejor y más rápida recuperación.

- **Calentamiento**: progresivo, individual, específico y direccional.

- **Estiramientos**: los objetivos son reducir la tensión muscular generada con el deporte, aumentar la extensión de los movimientos, relajar después del esfuerzo, prevenir tirones musculares, facilitar la oxigenación del músculo y así mejorar su recuperación.

6.3. Reconocimiento médico previo

El reconocimiento previo es muy útil para:

- Detectar enfermedades que puedan limitar la participación.

- Detectar enfermedades que puedan predisponer a sufrir una lesión.

- Habilitar los requisitos legales y de aseguración.

6.4. Psicología de la lesión deportiva

La **reacción a la lesión** en los deportistas suele seguir 5 fases:

1. Negación.

2. Cólera.

3. Negociación.

4. Depresión.

5. Aceptación y reorganización.

Son signos de una **mala adaptación** a la lesión:

- Sentimientos de furia y confusión.

- Obsesión con la idea de cuándo va a volver a competir.

- Negación (quitar importancia a la lesión).

- Vuelta a la actividad demasiado pronto, con el consiguiente riesgo de re-caídas.

- Alardes exagerados de sus logros en la rehabilitación.

- Insistencia en quejas sobre cuestiones físicas sin importancia.

- Culpa por haber defraudado al equipo.

- Alejamiento de personas significativas.

- Cambios repentinos en el estado de ánimo.

- Afirmaciones de que nunca va a recuperarse.

CAPÍTULO 14

Planificación del calendario de entrenamientos

1. Introducción

No hay un tiempo ideal para la preparación de las pruebas físicas. El tiempo adecuado va a depender del estado de la forma física inicial del opositor.

Se partirá de una planificación anual como la de un curso lectivo: 10 meses. Es tiempo suficiente, incluso para opositores con un nivel muy bajo. **Lo más importante será la dedicación, el esfuerzo y la constancia**.

No obstante, se podrá adaptar en el caso de disponer de menos tiempo. La duración total será variable, así como la de los **cuatro periodos** de los que se compone siempre (estos serán explicados en un apartado posterior).

2. Planificación a falta de 10 meses para las pruebas físicas oficiales

Propongo la siguiente:

– Periodo preparatorio general: 4 meses (desde el primer mes hasta el cuarto).

– Periodo preparatorio específico: 2 meses (desde el quinto mes hasta el sexto).

– Periodo competitivo general: 2 meses (desde el séptimo mes hasta el octavo).

– Periodo competitivo específico: 2 meses (desde el noveno mes hasta el décimo).

En dichos periodos se ve cómo los parámetros de la carga (volumen e intensidad) varían a lo largo del tiempo restante hasta el día de las pruebas oficiales. El usuario no necesita calcular nada. Los gráficos son solo explicativos, esto ya va incluido en los propios programas de entrenamiento del presente libro. De esta forma, el opositor alcanzará el pico máximo de forma física el día de las pruebas, con el fin de superar con éxito el examen.

Para el correcto análisis de los siguientes gráficos, se recomienda volver a leer las definiciones de carga, intensidad y volumen.

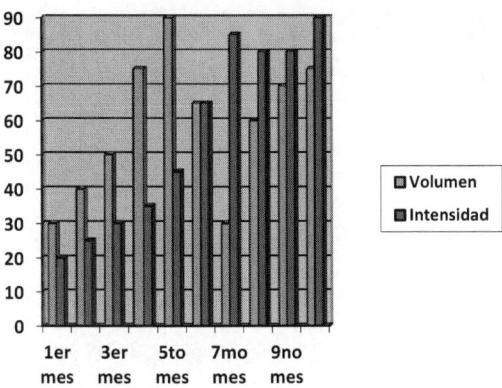

Planificación para 10 meses

Los opositores que no dispongan de estos 10 meses podrán seguir las siguientes planificaciones.

3. Planificación a falta de 9 meses para las pruebas físicas oficiales

Será la siguiente:

- Periodo preparatorio general: 3 meses (desde el primer mes hasta el tercero).

- Periodo preparatorio específico: 2 meses (el cuarto y quinto mes).

- Periodo competitivo general: 2 meses (el sexto y séptimo mes).

- Periodo competitivo específico: 2 meses (el octavo y noveno mes).

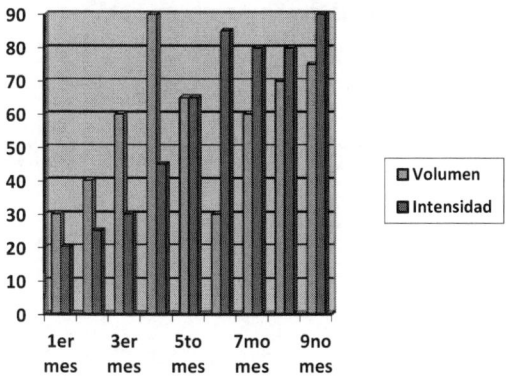

Planificación para 9 meses

4. Planificación a falta de 8 meses para las pruebas físicas oficiales

Los tiempos se distribuirán de esta forma:

– Periodo preparatorio general: 3 meses (desde el primer mes hasta el tercero).

– Periodo preparatorio específico: 1 mes (el cuarto mes).

– Periodo competitivo general: 2 meses (el quinto y sexto mes).

– Periodo competitivo específico: 2 meses (el séptimo y octavo mes).

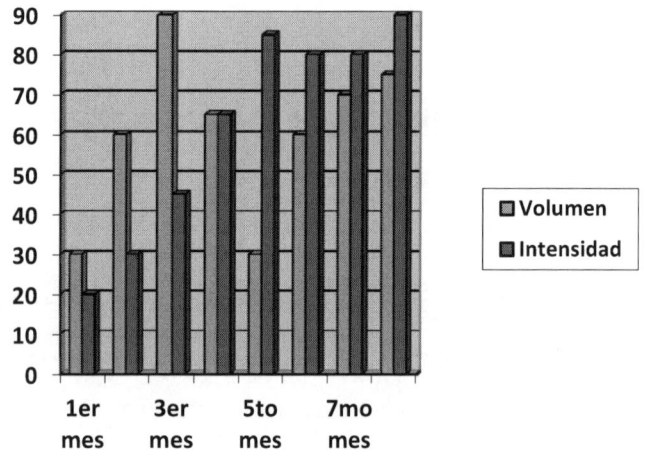

Planificación para 8 meses

5. Planificación a falta de 7 meses para las pruebas físicas oficiales

Será la siguiente:

– Periodo preparatorio general: 3 meses (desde el primer mes hasta el tercero).

– Periodo preparatorio específico: 1 mes (el cuarto mes).

- Periodo competitivo general: 2 meses (el quinto y sexto mes).
- Periodo competitivo específico: 1 mes (el séptimo mes).

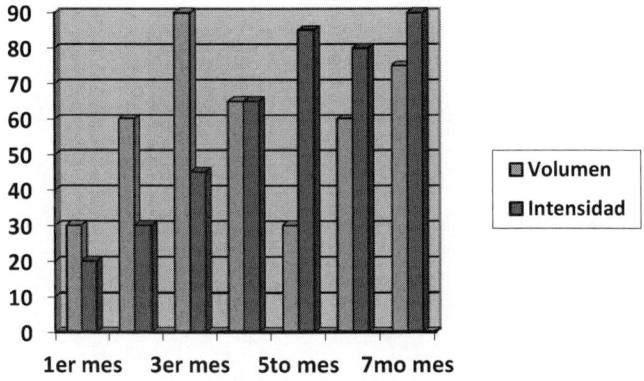

Planificación para 7 meses

6. Planificación a falta de 6 meses para las pruebas físicas oficiales

Tendrá la siguiente secuencia:
- Periodo preparatorio general: 2 meses (el primer y segundo mes).
- Periodo preparatorio específico: 1 mes (el tercer mes).
- Periodo competitivo general: 2 meses (el cuarto y quinto mes).
- Periodo competitivo específico: 1 mes (el sexto mes).

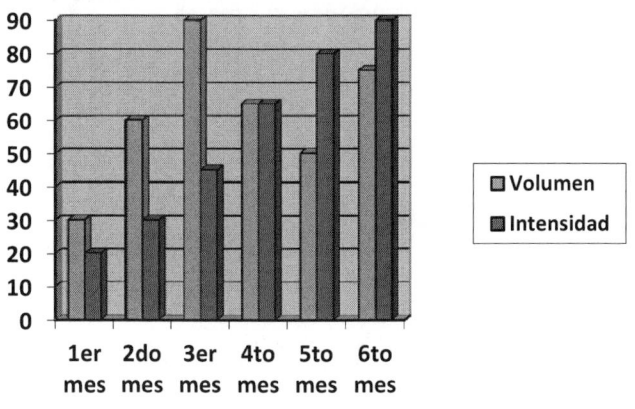

Planificación para 6 meses

7. Planificación a falta de 5 meses para las pruebas físicas oficiales

Los tiempos se distribuirán de esta forma:

- Periodo preparatorio general: 2 meses (el primer y segundo mes).

- Periodo preparatorio específico: 1 mes (el tercer mes).

- Periodo competitivo general: 1 mes (el cuarto mes).

- Periodo competitivo específico: 1 mes (el quinto mes).

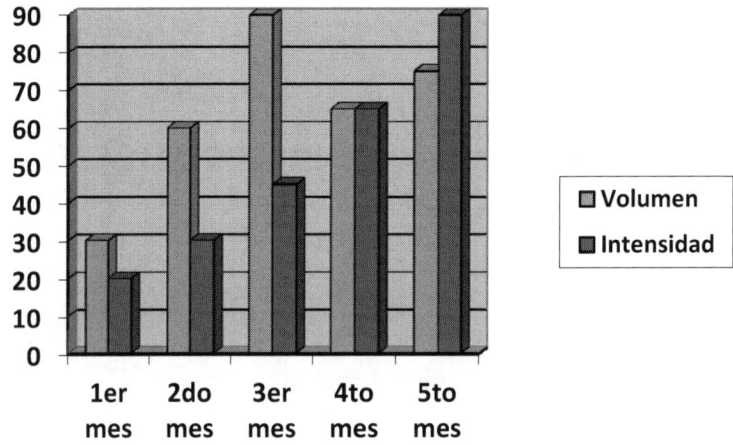

Planificación para 5 meses

8. Planificación a falta de 4 meses para las pruebas físicas oficiales

Los tiempos se distribuirán así:

- Periodo preparatorio general: 1 mes (el primer mes).

- Periodo preparatorio específico: 1 mes (el segundo mes).

- Periodo competitivo general: 1 mes (el tercer mes).
- Periodo competitivo específico: 1 mes (el cuarto mes).

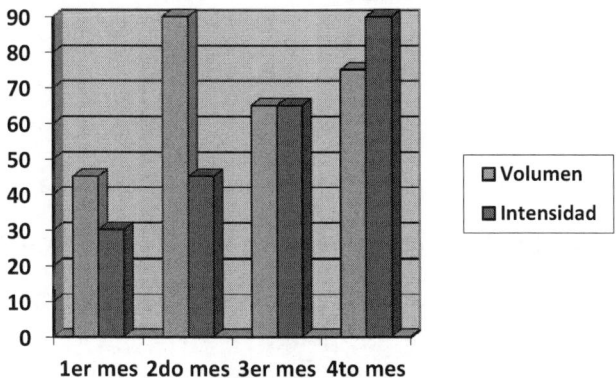

Planificación para 4 meses

9. Planificación a falta de 3 meses para las pruebas físicas oficiales

Será la siguiente:

- Periodo preparatorio general: 1 mes (el primer mes).
- Periodo preparatorio específico: 1 mes (el segundo mes).
- Periodo competitivo general: 2 semanas (el segundo mes y medio).
- Periodo competitivo específico: 2 semanas (el tercer mes).

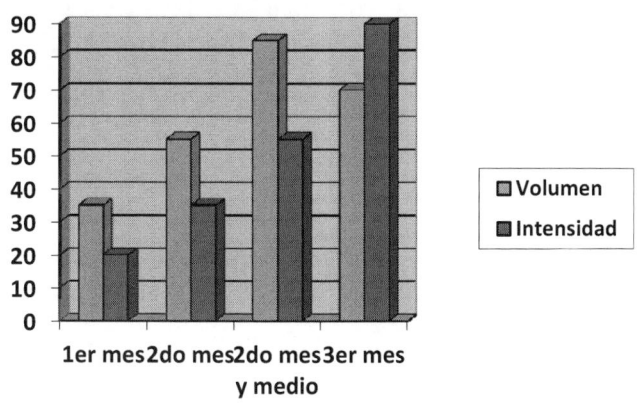

Planificación para 3 meses

10. Planificación a falta de 2 meses para las pruebas físicas oficiales

Los tiempos se distribuirán de esta forma:

– Periodo preparatorio general: 2 semanas (las primeras dos semanas).

– Periodo preparatorio específico: 2 semanas (el primer mes).

– Periodo competitivo general: 2 semanas (el primer mes y medio).

– Periodo competitivo específico: 2 semanas (el segundo mes).

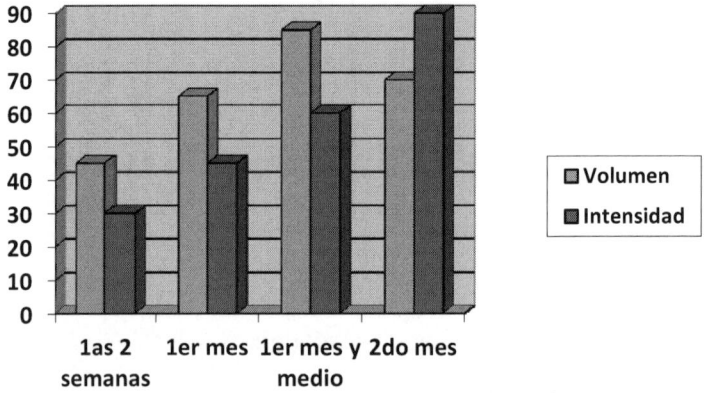

Planificación para 2 meses

Para preparar las pruebas físicas con menos de dos meses de tiempo se reco-mienda la ayuda de un profesional, ya sea a distancia o presencial.

CAPÍTULO 15

Consideraciones de los programas de entrenamiento

1. Introducción

Habrá que tener en cuenta una serie de aspectos a la hora de entrenar para la mejora de las cuatro pruebas físicas de la oposición.

Los programas de entrenamiento estarán clasificados y divididos según la prueba a mejorar.

La **prueba de press de banca** necesita dedicación ya que la fuerza tarda tiempo en aumentarse. Al ser un número de repeticiones alto (de 12 a 40 en el caso de mujeres y de 22 a 50 en el de los hombres), se necesita cierta resistencia para lograr llegar a las últimas con buena técnica. Es importante realizar las repeticiones de forma estricta con el fin de conseguir que el examinador las cuente todas.

Un ejercicio para la mejora del press de banca son las flexiones de brazo en suelo, también conocidas como "planchas". Ayudarán a conseguir fuerza en el pectoral, tríceps y deltoides anterior, que son los principales músculos implicados en el ejercicio de press de banca.

Ejercicio de fuerza extensora de brazos

Para la **preparación del press de banca,** habrá un entrenamiento de musculación, ya sea con cargas externas (pesas) o internas (el propio peso corporal). A los candidatos que no tengan fuerza suficiente para realizar las repeticiones con el peso exigido (35 kgs para hombres y 25 kgs para mujeres), se les aconseja colocar menos peso con el fin de realizar las repeticiones indicadas en cada ejercicio.

Habrá observaciones con características distintas (series, repeticiones, descansos, etc.). Cuando se hable de repeticiones al máximo, hay que tener en cuenta que la técnica no debe descuidarse en las últimas flexiones (pies apoyados en el suelo, flexión de brazos de forma que la barra toque el pecho, extensión de brazos completa, no realizar movimientos compensatorios, etc.).

La **prueba del circuito de agilidad** es la que menos debe preocupar al oposi-tor ya que, con diferencia, es la que más rápido se mejora. Se entrenará de forma general, haciendo de forma seguida el recorrido entero. Y también se practicará por partes, buscando el perfeccionamiento de cada giro, salto, etc. En los pri-meros programas se practicará un menor número de veces y, conforme se vaya acercando la fecha de las pruebas, aumentará el número de realizaciones.

Circuito de agilidad

Por otro lado, para la **preparación de la prueba de Course Navette**, habrá ejercicios de técnica de carrera, entrenamientos aeróbicos y anaeróbicos, con ca-rreras de diferentes tipos (distancias, pulsaciones requeridas, inclinaciones del terreno, con recuperaciones completas o incompletas, etc.).

Ejercicio de técnica de carrera

Carrera de resistencia

La **preparación de la prueba de natación** consistirá en entrenamientos aeróbicos, anaeróbicos lácticos y alácticos, con diversos parámetros (estilos, distancias, recuperaciones completas o incompletas, etc.).

Ejercicio de natación

2. Distribución semanal de los entrenamientos

Los programas de entrenamiento están diseñados para ejercitarse de 3 a 6 días semanales. La distribución de días a lo largo de la semana vendrá determinada por la disponibilidad del opositor.

Habrá un total de seis entrenamientos semanales:

– Tres entrenamientos semanales de musculación y carrera.

– Y otros tres entrenamientos de circuito y natación.

Lo ideal es que entre cada entrenamiento del mismo tipo se haga en días alternos. Esto se puede distribuir de varias formas:

– **Ejemplo 1**:

* Lunes, miércoles y viernes: musculación y carrera (1 hora y cuarto de duración, aproximadamente).

* Martes, jueves y sábado: entrenamiento de circuito y natación (1 hora de duración, aproximadamente).

– **Ejemplo 2**:

* Lunes, miércoles y viernes: entrenamiento de circuito y natación (1 hora de duración, aproximadamente).

* Martes, jueves y sábado: musculación y carrera (1 hora y cuarto de duración, aproximadamente).

– **Ejemplo 3**:

* Lunes, miércoles y viernes: musculación y carrera a primera hora del día y entrenamiento de circuito y natación a última hora del día (1 hora y cuarto de duración el primer entrenamiento y 1 hora el segundo, aproximadamente). También se puede hacer al contrario.

– **Ejemplo 4**:

* Martes, jueves y sábado: musculación y carrera a primera hora del día y entrenamiento de circuito y natación a última hora del día (1 hora y cuarto de duración el primer entrenamiento y 1 hora el segundo, aproximadamente). También se puede hacer al contrario.

– **Ejemplo 5**:

* Lunes, miércoles y viernes: circuito, musculación, carrera y natación (2 horas de duración seguidas, aproximadamente).

– **Ejemplo 6**:

* Martes, jueves y sábado: circuito, musculación, carrera y natación (2 horas de duración seguidas, aproximadamente).

Se podrían poner más ejemplos, pero ya se ve que **lo importante es que haya al menos un día de separación entre entrenamientos del mismo tipo**.

La **distribución más aconsejable** es la de los ejemplos 1 y 2, ya que permite mantener el rendimiento durante todo el entrenamiento dado que, al hacer 6 días semanales, la duración de cada uno es de 1 hora o poco más y, en este tiempo, los depósitos de glucógeno muscular rinden al máximo.

En el caso de no disponer de 6 días semanales para entrenar, la **segunda opción más recomendable** es hacer lo indicado en los ejemplos 3 y 4, con el mismo fin de que el opositor no esté 2 horas seguidas entrenando y que entre un tipo de entrenamiento y otro pasen al menos 6 horas. Por ejemplo: primer entrenamiento del día a las 7.30 a.m. y segundo entrenamiento del día a las 18:30 p.m.; o bien, a las 14:00 p.m. y a las 20:00 p.m., respectivamente.

Los ejemplos 5 y 6 van **destinados a opositores que solo dispongan de 3 días semanales** para entrenar y de una vez, es decir, haciendo todos los tipos de entrenamiento seguidos. En este caso, el orden deber ser: circuito de agilidad, ejercicios de musculación, de carrera y, por último, de natación.

3. Explicación de los contenidos de los entrenamientos

A continuación se detallan los programas de entrenamiento englobados dentro del período correspondiente. Tal y como se ha dicho anteriormente, la duración de dichos programas va a depender del tiempo restante que tenga el opositor hasta el día de las pruebas oficiales (desde 2 hasta 10 meses).

Con el fin de personalizar al máximo cada programa, habrá varias opciones a elegir entre los opositores:

– Niveles según la forma física actual obtenida en el test de cada prueba: muy bajo, bajo, medio, alto y muy alto. En función del nivel que tenga el usuario, los entrenamientos tendrán una mayor o menor dificultad. Como se ha dicho anteriormente, cada uno debe elegir el entrenamiento correspondiente a su nivel. Con el fin de evitar lesiones, no se debe elegir uno mayor. Así mismo, tampoco se debe elegir uno de menor nivel para que no se produzca un estancamiento o regresión.

4. Observaciones de los entrenamientos de press de banca

- **Calentamiento**: consiste en realizar 5-10 minutos de cualquier ejercicio aeróbico (carrera, bicicleta, elíptica, etc., aunque es preferible que sea de máquina de remo por tener mayor transferencia).

- **Series y repeticiones**: conjunto de veces que se realiza el movimiento de un ejercicio. Si un ejercicio se hace de forma alterna, primero con un brazo y luego con el otro, habrá que realizar las repeticiones marcadas con cada uno de los dos segmentos.

- **En circuito**: las vueltas dependerán del nivel obtenido en las pruebas. Ejemplo: 10 repeticiones del ejercicio 1, 10 del ejercicio 2... así hasta el último y se vuelve a empezar, haciendo el número de vueltas correspondiente al nivel obtenido en las pruebas.

- **Velocidad de ejecución**: cantidad de movimientos por espacio de tiempo. Puede ser lenta, media o rápida. Las contracciones suelen ser isotónicas concéntricas y excéntricas, es decir, hay acortamiento y estiramiento muscular. La fase excéntrica es a favor de la gravedad, pero no por ello se hace de forma más rápida e incontrolada sino que se debe mantener la velocidad.

  Ejemplo: en las repeticiones del ejercicio de press de banca conviene llevar una velocidad alta para que el esfuerzo dure menos tiempo, reduciendo así la exposición a la fatiga.

Velocidad alta en la prueba de press de banca

– **Intensidad**: referida a cómo se llegue a la última repetición de los ejercicios, ya sean con pesas o con el propio peso corporal.

Las repeticiones pueden ser de una intensidad baja (se hacen las repeticiones marcadas pero que en realidad se podrían hacer el doble), media (se podrían hacer 5 repeticiones más de las marcadas), alta (sería posible hacer 2 o 3 repeticiones más) o muy alta (es el máximo de repeticiones posibles, llegando al fallo muscular). No se debe abusar de este último tipo de intensidad ya que la técnica empeora bastante en las repeticiones forzadas.

– **Respiración**: se debe inspirar por la nariz durante la fase excéntrica del movimiento (estiramiento del músculo), que es a favor de la gravedad. La espiración se hará por la boca durante la fase concéntrica (acortamiento del músculo), que sucede en contra de la gravedad.

Ejemplo: en las clásicas flexiones o fondos en suelo, se inspira al bajar hacia el suelo, flexionando los brazos (a favor de la gravedad). Se espira al subir y extender los brazos (en contra de la gravedad).

En el caso del ejercicio de press de banca, se toma aire por la nariz en la bajada de la barra y se expulsa por la boca en la subida.

Respiración durante las flexiones de tríceps

– **Recuperación**: tiempo de descanso entre cada serie.

– **Estiramientos**: al acabar el entrenamiento, conviene relajar los músculos trabajados haciendo los estiramientos musculares, manteniendo la posición de forma estática unos 30-40 segundos, sin hacer rebotes y sin que haya dolor muscular, solo molestia y tensión.

Estiramiento de gemelo

5. Observaciones de los entrenamientos del circuito de agilidad

Hay que tener en cuenta tres tipos de entrenamiento:

- **Entrenamiento libre**: consiste en realizar el circuito de forma autónoma, con el simple fin de memorizar el recorrido y comprobar cuál es el lado más conveniente a la hora de la salida.

- **Entrenamiento por pasos**: es la forma más segura de hacer el circuito, ya que minimiza riesgos a la hora de derribar algún elemento del mismo.

- **Entrenamiento por partes**: una vez que se domina el circuito de forma conjunta, este tipo de entrenamiento servirá para perfeccionar cada giro, cada salto, etc.

El recorrido a efectuar consiste en una especie de ocho y una recta final. El lado de salida es a elección del opositor, vendrá determinado por la pierna que quiera usarse a la hora de hacer el salto de la primera valla. Para ganar tiempo se recomienda saltarla, pero también se puede superar pasando primero una pierna y luego la otra. Dicho salto es a una pierna. Si conviene saltar con la pierna derecha, el lado de salida será el derecho y viceversa.

Salida por el lado derecho de la valla

Para un mayor control en los giros y evitar tocar algún componente del circuito, en cada giro se recomienda frenar y cambiar la dirección con la pierna más alejada del cono.

El número de pasos a realizar entre los elementos del circuito dependerá de la amplitud de zancada del opositor.

 Vídeos recomendados

- **Circuito de agilidad**:

  https://www.youtube.com/watch?v=acog17YSsoo &feature=youtu.be

5.1. Observaciones

– **Calentamiento:** consiste en realizar 10 minutos a ritmo medio de cualquier ejercicio aeróbico (bicicleta, elíptica, máquina de remo, etc., aunque es preferible que sea de carrera por tener mayor transferencia).

  Hacer movilidad articular de hombros, caderas, rodillas y tobillos, con el fin de evitar cualquier lesión.

–   **Parte principal**: práctica del circuito comenzando de forma suave y haciendo todo su recorrido. Posteriormente, se puede realizar el entrenamiento libre, por pasos o por partes, ya con una mayor intensidad.

–   **Vuelta a la calma**: 5 minutos de carrera suave y estiramientos para relajar los músculos manteniendo la posición de forma estática unos 30-40 segundos, sin hacer rebotes y sin que haya dolor muscular, solo molestia y tensión.

5.2. Formas de practicar esta prueba

–   Por libre, para determinar el lado más conveniente de salida y para memorizar el recorrido.

–   Por pasos, para automatizar el número de pisadas a realizar.

–   Por partes, para practicar cada uno de los recorridos por separado.

–   O libre total, una vez se tenga el conocimiento de todo lo anterior, se practicará sin fijarse en la técnica.

5.3. Análisis de la técnica

5.3.1. Candidato diestro

Generalmente, los aspirantes diestros parten desde el lado derecho de la valla de salida, denominada a partir de ahora *primera valla*.

Cuando se hable de la *segunda valla,* se referirá a la valla que hay que pasar por debajo inicialmente y, al finalizar el circuito, saltar en carrera.

 Recuerda que...

El número de pasos a realizar dependerá de la amplitud de zancada de cada aspirante, algo condicionado por la altura del aspirante y la longitud de sus piernas.

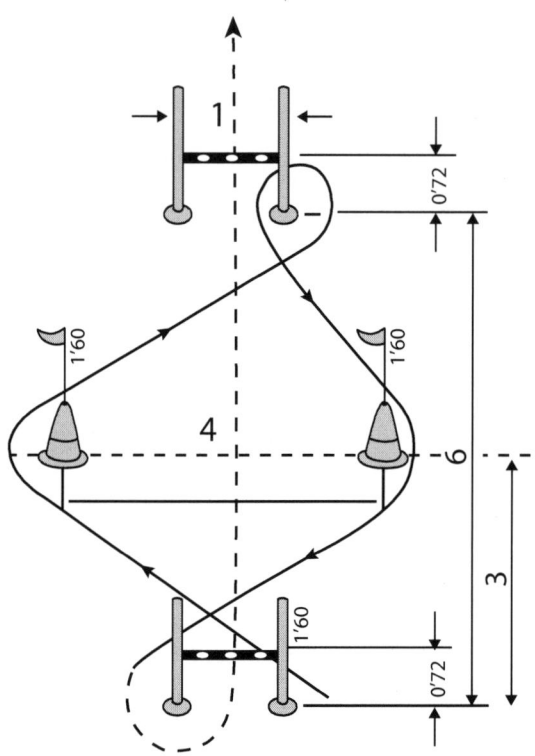

Recorrido a realizar saliendo desde el lado derecho

A) Posición de salida, primeros pasos, llegada y giro sobre el primer cono

El examinador dirá al aspirante que puede comenzar. El cronómetro se activa por medio de células fotoeléctricas cuando el opositor se mueve. Esta es una prueba en la que se necesita la ayuda de alguien para la toma de tiempos, ya que hay que activar el cronómetro cuando comienza el movimiento.

Para tener una correcta postura de aceleración ante el estímulo sonoro, se debe adelantar un pie hasta la línea de salida y retrasar el otro, con ambas piernas ligeramente flexionados. La postura que tendrá el cuerpo será la dirigida hacia el cono en cuestión. Si el sujeto puede llegar a él con tres pasos, el pie que debe poner pegado a la línea de salida deberá ser el derecho. Si necesita cuatro pasos, el pie adelantado será el izquierdo. Esto hará que siempre se pueda frenar con la pierna más alejada del circuito (la izquierda).

*Salida por la derecha de la valla y con pierna derecha adelantada,
con el fin de hacer 3 pasos hasta el primer cono*

*Salida por la derecha de la valla y con pierna izquierda adelantada,
con el fin de hacer 4 pasos hasta el primer cono*

Llegada al primer cono con la pierna del exterior

B) Pasos de aproximación hasta la segunda valla, giro y paso por debajo

Tras haber frenado con la pierna izquierda en el primer cono, el paso que corresponde ahora es con la pierna derecha. Habrá que determinar si se puede llegar a la primera valla en cuatro pasos o en seis. Lo importante será frenar con la pierna exterior, en este caso la derecha, y dar un último paso con la izquierda. De esta forma, se podrá flexionar al máximo la pierna izquierda y así poder apoyar el pecho en el muslo izquierdo, agachándose bien para pasar la valla por debajo, sin riesgo a tocarla y tirarla. Se deberán apoyar las manos en el suelo, a la anchura de los hombros, y extender la pierna derecha atrás.

La distancia desde el suelo hasta la parte superior de la valla son 72 centímetros. Sin embargo, la altura hasta la parte inferior de la valla no viene determinada en las bases de la convocatoria pero se calcula que son unos 65 centímetros, aproximadamente. Para hacer progresivo el aprendizaje del paso por debajo, se puede poner el listón de la valla un poco más alto, a unos 75-80 cm. Progresivamente, se deberá ir bajando hasta dejarlo a la medida reglamentaria.

Llegada a la segunda valla con la pierna del exterior

Pisada y pivote con la pierna del interior, para agacharse

C) Salida de la segunda valla, pasos de aproximación hasta el segundo cono, llegada y giro

Desde la posición agrupada, debajo de la valla, el primer paso corresponde a la pierna derecha. Las opciones para aproximarse al segundo cono son hacer cuatro o bien seis pasos, en función de la amplitud de zancada de cada uno. En cualquier caso, habrá que frenar flexionando la pierna izquierda a su llegada al cono para poder cambiar de dirección.

Posición agrupada encarando el segundo cono

Salida de la primera valla por debajo

Llegada al segundo cono con la pierna del exterior

D) Pasos de aproximación hasta la primera valla, giro, salto y contacto con el suelo

El trayecto desde el segundo cono hasta la primera valla se puede realizar en cinco pasos o en siete (vuelve a entrar en juego la amplitud de zancada). Una vez que se llega a la valla, el salto deberá hacerse con la pierna derecha, siendo acompañado por una elevación de la rodilla izquierda de forma explosiva.

Si se prefiere realizar sin salto, habrá que pasar primero la pierna izquierda y luego la derecha.

En cualquier caso, será el pie izquierdo el primero en contactar con el suelo al otro lado de la valla.

Llegada a la segunda valla con la pierna del exterior

Paso de aproximación

Apoyo de la pierna de batida

Paso de valla sin salto

Paso de valla con salto: fase de impulso

Paso de valla con salto: fase aérea

Paso de valla con salto: fase de caída

E) Recta final: pasos de aproximación hasta la segunda valla y salto

Una vez que el pie izquierdo toca el suelo, el primer paso será con la pierna derecha, procurando trasladar sobre este último el peso corporal para no perder el equilibrio y favorecer la aceleración provocada por la inercia al caer.

Aprovechando que es una recta, hay que acelerar lo máximo posible al salir de la primera valla. En función de la amplitud de zancada, el recorrido entre vallas se hará en tres, cuatro o cinco pasos. El salto final se debe hacer a una pierna para lograr no perder velocidad en la recta.

Al paso por la última valla, el cronómetro se para una vez se atraviese por encima. El día del examen oficial se registrará el tiempo realizado por medio de células fotoeléctricas.

Ultimo paso

Salto de la segunda valla: fase de impulso

Salto de la segunda valla: fase aérea

La distancia desde el suelo hasta la parte superior de la valla son 72 centímetros. Para hacer progresivo el aprendizaje del paso por encima, se puede poner el listón de la valla un poco más bajo, a unos 55-60 cm. Progresivamente, se deberá ir subiendo hasta dejarlo a la medida oficial. En caso de tener miedo de saltarla, se puede utilizar una cuerda como listón con un nudo muy flojo, de forma que si se toca por no hacer un salto lo suficientemente alto, dicha cuerda se cae al suelo sin más trascendencia.

En esta prueba se permite un segundo intento si se hace nulo en el primero. Las causas de que sea considerado nulo pueden ser las siguientes: derribar alguno de los conos o vallas, o bien equivocarse en el recorrido.

Recuerda que...

Tomando como ejemplo un opositor que salga desde el lado derecho de la valla, las recomendaciones que se hacen para el buen desarrollo de esta prueba son las siguientes:

- Posición de salida en alerta, colocando una pierna adelante y otra atrás, las dos un poco flexionadas y en dirección al primer cono.

- Llegar a cada cono con la pierna del exterior, con el fin de hacer una buena frenada y cambio de dirección.

- Agacharse bien para pasar la valla por debajo, bajando las caderas y los hombros, por medio del contacto del pecho con el cuádriceps de la pierna más adelantada.

- Meterse debajo de la valla y salir de ella con un impulso de la pierna flexionada.

- A la hora de librar la primera valla, se deberá pasar primero la pierna izquierda ya sea por medio de un salto o sin él.

- Impulsarse con una pierna para el salto final, consiguiendo así no disminuir la velocidad adquirida en la recta.

5.3.2. Candidato zurdo

Generalmente, los aspirantes zurdos parten desde el lado izquierdo de la valla de salida, denominada a partir de ahora *primera valla*.

Cuando se hable de la *segunda valla,* se referirá a la valla que hay que pasar por debajo inicialmente y, al finalizar el circuito, saltar en carrera.

 Recuerda que...

El número de pasos a realizar dependerá de la amplitud de zancada de cada aspirante, algo condicionado por la altura del aspirante y la longitud de sus piernas.

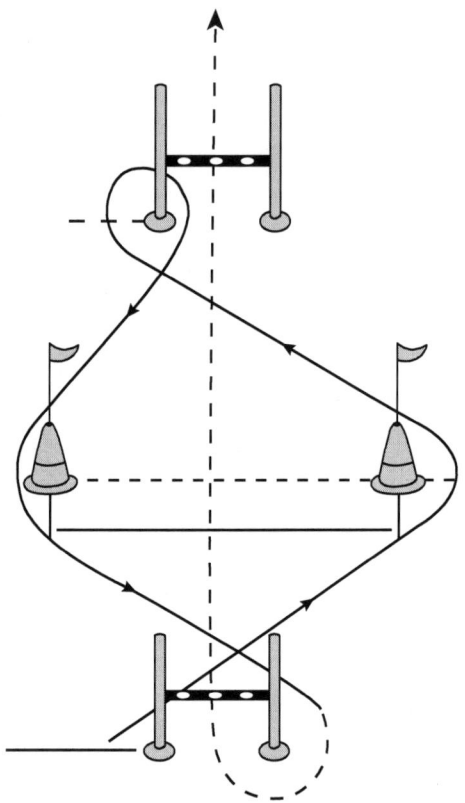

Recorrido a realizar saliendo desde el lado derecho

A) Posición de salida, primeros pasos, llegada y giro sobre el primer cono

El examinador dirá al aspirante que puede comenzar. El cronómetro se activa por medio de células fotoeléctricas cuando el opositor se mueve. Como ya hemos dicho, esta es una prueba en la que se necesita la ayuda de alguien para la toma de tiempos, ya que hay que activar el cronómetro cuando comienza el movimiento.

Para tener una correcta postura de aceleración ante el estímulo sonoro, se debe adelantar un pie hasta la línea de salida y retrasar el otro, con ambas piernas ligeramente flexionados. La postura que tendrá el cuerpo será la dirigida hacia el cono en cuestión. Si el sujeto puede llegar a él con tres pasos, el pie que debe poner pegado a la línea de salida deberá ser el izquierdo. Si necesita cuatro pasos, el pie adelantado será el derecho. Esto hará que siempre se pueda frenar con la pierna más alejada del circuito (la derecha).

*Salida por la izquierda de la valla y con pierna izquierda adelantada,
con el fin de hacer 3 pasos hasta el primer cono*

*Salida por la izquierda de la valla y con pierna derecha adelantada,
con el fin de hacer 4 pasos hasta el primer cono*

Llegada al primer cono con la pierna del exterior

B) Pasos de aproximación hasta la segunda valla, giro y paso por debajo

Tras haber frenado con la pierna derecha en el primer cono, el paso que corresponde ahora es con la pierna izquierda. Habrá que determinar si se puede llegar a la primera valla en cuatro pasos o en seis. Lo importante será frenar con la pierna exterior, en este caso la izquierda, y dar un último paso con la derecha. De esta forma, se podrá flexionar al máximo la pierna derecha y así poder apoyar el pecho en el muslo derecho, agachándose bien para pasar la valla por debajo, sin riesgo a tocarla y tirarla. Se deberán apoyar las manos en el suelo, a la anchura de los hombros, y extender la pierna izquierda atrás.

La distancia desde el suelo hasta la parte superior de la valla son 72 centímetros. Sin embargo, la altura hasta la parte inferior de la valla no viene determinada en las bases de la convocatoria pero se calcula que son unos 65 centímetros, aproximadamente. Para hacer progresivo el aprendizaje del paso por debajo, se puede poner el listón de la valla un poco más alto, a unos 75-80 cm. Progresivamente, se deberá ir bajando hasta dejarlo a la medida reglamentaria.

Llegada a la segunda valla con la pierna del exterior

Pisada y pivote con la pierna del interior, para agacharse

C) Salida de la segunda valla, pasos de aproximación hasta el segundo cono, llegada y giro

Desde la posición agrupada, debajo de la valla, el primer paso corresponde a la pierna izquierda. Las opciones para aproximarse al segundo cono son hacer cuatro o bien seis pasos, en función de la amplitud de zancada de cada uno. En cualquier caso, habrá que frenar flexionando la pierna derecha a su llegada al cono para poder cambiar de dirección.

Posición agrupada encarando el segundo cono

Salida de la primera valla por debajo

Llegada al segundo cono con la pierna del exterior

D) Pasos de aproximación hasta la primera valla, giro, salto y contacto con el suelo

El trayecto desde el segundo cono hasta la primera valla se puede realizar en cinco pasos o en siete (vuelve a entrar en juego la amplitud de zancada). Una vez que se llega a la valla, el salto deberá hacerse con la pierna izquierda, siendo acompañado por una elevación de la rodilla derecha de forma explosiva.

Si se prefiere realizar sin salto, habrá que pasar primero la pierna derecha y luego la izquierda.

En cualquier caso, será el pie derecho el primero en contactar con el suelo al otro lado de la valla.

Llegada a la segunda valla con la pierna del exterior

Paso de aproximación

Apoyo de la pierna de batida

Paso de valla sin salto

Paso de valla con salto: fase de impulso

Paso de valla con salto: fase aérea

Paso de valla con salto: fase de caída

E) Recta final: pasos de aproximación hasta la segunda valla, salto y contacto con el suelo

Una vez que el pie derecho toca el suelo, el primer paso será con la pierna izquierda, procurando trasladar sobre este último el peso corporal para no perder el equilibrio y favorecer la aceleración provocada por la inercia al caer.

Aprovechando que es una recta, hay que acelerar lo máximo posible al salir de la primera valla. En función de la amplitud de zancada, el recorrido entre vallas se hará en tres, cuatro o cinco pasos. El salto final se debe hacer a una pierna para lograr no perder velocidad en la recta.

Al paso por la última valla, el cronómetro se para una vez se atraviese por encima. El día del examen oficial se registrará el tiempo realizado por medio de células fotoeléctricas.

Ultimo paso

Salto de la segunda valla: fase de impulso

Salto de la segunda valla: fase aérea

La distancia desde el suelo hasta la parte superior de la valla son 72 centímetros. Para hacer progresivo el aprendizaje del paso por encima, se puede poner el listón de la valla un poco más bajo, a unos 55-60 cm. Progresivamente, se deberá ir subiendo hasta dejarlo a la medida oficial. En caso de tener miedo de saltarla, se puede utilizar una cuerda como listón con un nudo muy flojo, de forma que si se toca por no hacer un salto lo suficientemente alto, dicha cuerda se cae al suelo sin más trascendencia.

En esta prueba se permite un segundo intento si se hace nulo en el primero. Las causas de que sea considerado nulo pueden ser las siguientes: derribar alguno de los conos o vallas, o bien equivocarse en el recorrido.

⚡ Recuerda que...

Tomando como ejemplo un opositor que salga desde el lado derecho de la valla, las recomendaciones que se hacen para el buen desarrollo de esta prueba son las siguientes:

– Posición de salida en alerta, colocando una pierna adelante y otra atrás, las dos un poco flexionadas y en dirección al primer cono.

– Llegar a cada cono con la pierna del exterior, con el fin de hacer una buena frenada y cambio de dirección.

– Agacharse bien para pasar la valla por debajo, bajando las caderas y los hombros, por medio del contacto del pecho con el cuádriceps de la pierna más adelantada.

– Meterse debajo de la valla y salir de ella con un impulso de la pierna flexionada.

– A la hora de librar la primera valla, se deberá pasar primero la pierna izquierda, ya sea por medio de un salto o sin él.

– Impulsarse con una pierna para el salto final, consiguiendo así no disminuir la velocidad adquirida en la recta.

6. Observaciones de los entrenamientos del Course Navette

Consideraciones:

– **Superficie**: en caso de correr por el exterior, para evitar lesiones por sobrecarga e impactos repetitivos, se debería procurar hacerlo por terreno blando, tierra o césped. Los entrenamientos para mejorar la carrera tienen un gran volumen de metros y, por tanto, de impactos contra el suelo.

– **Velocidad**: será justo la necesaria para mantener la intensidad y duración requeridas. Es importante realizar el tiempo y/o la distancia recomendados en los programas. Para ello, hay que controlar el ritmo de carrera y no ir demasiado rápido. Cuando sea carrera continua, lo importante es mantener el ritmo y no parar por completo (si es necesario, se caminará rápido hasta estar recuperado, momento el que se deberá retomar la carrera).

– **Duración**: va a depender del nivel de cada usuario, siendo resultado de la realización del test de las pruebas físicas. Los opositores de nivel mayor tendrán entrenamientos de más larga duración y viceversa. Cada uno debe fijarse en el tiempo de duración correspondiente a su nivel y no realizar ningún otro. Si esto no se respeta, podría ser causa de lesión por sobreentrenamiento o mermar su rendimiento, según sea el caso.

– **Intensidad**: sería recomendable el uso de pulsómetro para controlar la frecuencia cardíaca. Teniendo en cuenta que la frecuencia cardíaca máxima se calcula con la fórmula de FCM = 220 - edad, trabajaremos con las siguientes intensidades, según el nivel de las pruebas físicas realizadas por cada opositor:

* 60 % de la FCM (**ritmo bajo**, que no cueste apenas esfuerzo).

   Ejemplo: persona de 30 años. FCM = 220 - edad = 190 de pulsaciones máximas teóricas por minuto. El 60 % de 190 es 114 pulsaciones/minuto.

* 70 % de la FCM (**ritmo medio**, que permita hablar sin esfuerzo).

   Ej.: 70 % de 190 = 133.

* 80 % de la FCM (**ritmo alto**, que se entrecorten las palabras a la hora de hablar).

   Ej.: 80 % de 190 = 152.

* 90 % de la FCM (**ritmo muy alto**, que sea casi imposible hablar).

   Ej.: 90 % de 190 = 171. Si no coincide la percepción con el porcentaje de esfuerzo, el opositor deberá guiarse por las sensaciones físicas (y no por el valor que marca el pulsómetro)".

- **Recuperación**: tiempo de descanso entre cada serie. Hay dos tipos: activa (caminando, por ejemplo) y pasiva (parado en el sitio). También puede ser según el tiempo de recuperación: completa (el descanso es amplio y, prácticamente, las pulsaciones vuelven a su estado inicial) e incompleta (el corazón no recupera su pulso inicial antes del siguiente esfuerzo).

- **Estiramientos**: al acabar el entrenamiento, conviene relajar los músculos trabajados haciendo los estiramientos musculares, manteniendo la posición de forma estática unos 30-40 segundos, sin hacer rebotes y sin que haya dolor muscular, solo molestia y tensión. En carrera trabajan, sobre todo, los músculos del tren inferior. Habrá que estirar bien las piernas para una buena recuperación.

Entrenamiento de Course Navette

7. Observaciones de los entrenamientos de natación

Observaciones:

- **Velocidad**: será justo la necesaria para mantener la intensidad y distancia requeridas. Es importante recorrer el espacio requerido en los programas. Para ello, hay que controlar el ritmo de nado y no ir demasiado rápido. Cuando sea nado continuo, lo importante es mantener el ritmo y no parar por completo.

- **Volumen de metros**: va a depender del nivel de cada usuario, siendo resultado de la realización del test de las pruebas físicas. Los opositores de nivel mayor tendrán entrenamientos de más metros y duración, y viceversa. Cada uno debe fijarse en la distancia correspondiente a su nivel y no realizar ningún otro. Si esto no se respeta, podría ser causa de lesión por sobreentrenamiento o mermar su rendimiento, según sea el caso.

- **Intensidad**: sería recomendable el uso de pulsómetro para controlar la frecuencia cardíaca. Hoy en día hay pulsómetros sumergibles. Teniendo en cuenta que la frecuencia cardíaca máxima se calcula con la fórmula de FCM = 220 - edad, trabajaremos con las siguientes intensidades, según el nivel de las pruebas físicas realizadas por cada opositor:

    * 60 % de la FCM (**ritmo bajo**, que no cueste apenas esfuerzo).

        Ejemplo: persona de 30 años. FCM = 220 - edad = 190 de pulsaciones máximas teóricas por minuto. El 60 % de 190 es 114 pulsaciones/minuto.

    * 70 % de la FCM (**ritmo medio**, que permita hablar sin esfuerzo).

        Ej.: 70 % de 190 = 133.

    * 80 % de la FCM (**ritmo alto**, que se entrecorten las palabras a la hora de hablar).

        Ej.: 80 % de 190 = 152.

    * 90 % de la FCM (**ritmo muy alto**, que sea casi imposible hablar).

        Ej.: 90 % de 190 = 171. Si no coincide la percepción con el porcentaje de esfuerzo, el opositor deberá guiarse por las sensaciones físicas (y no por el valor que marca el pulsómetro)".

- **Recuperación**: tiempo de descanso entre cada serie. Son menores que en carrera ya que con el hecho de estar de pie con la cabeza fuera del agua, el sistema aeróbico y anaeróbico se recupera rápido.

- **Estiramientos**: al acabar el entrenamiento, conviene relajar los músculos trabajados haciendo los estiramientos musculares, manteniendo la posición de forma estática unos 30-40 segundos, sin hacer rebotes y sin que haya dolor muscular, solo molestia y tensión. En natación trabajan prácticamente todos los grupos musculares del cuerpo, así que habrá que estirar tanto el tren superior como el inferior.

Nado a crol: el estilo más rápido

8. Test mensual tras la finalización de cada programa

Mes a mes, se debe realizar un nuevo test de las pruebas físicas en las condiciones lo más idénticas posible al día oficial. Esto se recomienda hacer una vez al mes, coincidiendo o no con el fin de cada programa y antes de comenzar el siguiente.

Se pueden realizar todas las pruebas el mismo día. El orden que suele seguirse en las oposiciones de la categoría de Agente de la Escala Básica es el siguiente:

1. Natación.

2. Circuito.

3. Press de banca.

4. Course Navette.

El mismo día de las pruebas no suele haber demasiado tiempo para calentamientos. Los candidatos suelen ser llamados en grupo y van pasando por cada una de las pruebas físicas. La carrera y la natación se realizan en grupo, pero el circuito y el press de banca son de forma individual.

CAPÍTULO 16

Pautas para entrenar cada prueba

1. Introducción

A continuación se detalla el orden en el que habrá que realizar los entrenamientos, en el caso de hacer la práctica de mejora de las cuatro pruebas físicas en la misma sesión de entrenamiento.

Como se ha dicho anteriormente, son varias pruebas físicas a mejorar y se pueden entrenar seguidas o agrupar en dos entrenamientos: por un lado, circuito y natación; por otro, musculación y carrera.

Sería conveniente **separar los dos tipos de entrenamiento**. Por ejemplo: un día entrenamiento de circuito y natación; y otro día entrenamiento de circuito, musculación y carrera. Si por disponibilidad no se puede realizar de esta forma, otra opción es realizarlos el mismo día, pero uno por la mañana y otro por la tarde.

2. Entrenamiento de press de banca

Para la mejora de esta prueba habrá que trabajar la fuerza del tren superior. Los ejercicios de musculación servirán para mejorar el resultado de esta prueba. Se alternará el uso del propio peso corporal y el uso de cargas externas como pueden ser mancuernas, barras o máquinas.

El movimiento de flexión-extensión de brazos se realiza por media de la articulación del codo y del hombro.

Flexiones en plano casi vertical: dificultad baja

A la hora de contar los kilogramos a levantar, hay que tener en cuenta el peso de la barra. Con una longitud de 1,80 a 2,00 metros puede pesar desde 12 hasta 20 kilogramos (caso este último de una barra olímpica). Hay que adaptar el peso a levantar según el número de repeticiones que se indique en cada programa.

Alguna vez se pedirá realizar un número de repeticiones máximo con un peso determinado de antemano. Ejemplo: 3 series al máximo con 25 kgs. Esto quiere decir que se deben hacer todas las repeticiones que se puedan con ese peso. Eso sí, es importante hacerlo con buena técnica y no caer en los errores típicos de la eliminación, según las bases de la convocatoria.

Examen de press de banca con 35 kgs (barra olímpica 20 kgs y discos 15 kgs)

El aspirante también tendrá ejercicios que consistirán en manejar su cuerpo sin cargas externas. Las clásicas planchas o flexiones de brazo en suelo fortalecen los músculos implicados en el levantamiento de la barra de press de banca. Quien no domine su peso corporal deberá hacer flexiones con las rodillas apoyadas en el suelo. Quien lo domine puede hacer las repeticiones sin apoyar las mismas.

Cuanto más vertical es el plano en el que se hacen las flexiones, más fácil resulta ya que actúa menos el peso de la gravedad. El apoyo de las manos por encima del nivel del apoyo de pies conlleva un menor peso a levantar.

Flexiones con rodillas apoyadas: dificultad media

Flexiones inclinadas: dificultad alta

Si las manos están por debajo del nivel de los pies, el esfuerzo será mayor ya que implica menos el pectoral y más el hombro, teniendo menos fuerza este músculo.

Flexiones declinadas: dificultad muy alta

PROGRAMA NIVEL	A	B	C	D	E
Muy bajo: 2 vueltas	10 series	12 series	18 series	12 series	18 series
Bajo: 3 vueltas	15 series	18 series	27 series	18 series	27 series
Medio: 4 vueltas	20 series	24 series	36 series	24 series	36 series
Alto: 5 vueltas	25 series	30 series	45 series	30 series	45 series
Muy alto: 6 vueltas	30 series	36 series	54 series	36 series	54 series

Relación del número de vueltas y series a realizar en los entrenamientos de musculación según el nivel obtenido en el test de press banca

> ▶ **Vídeos recomendados**
>
> Estiramientos tren superior:
>
> - **Pectoral**:
>   http://youtu.be/PsCNDK9LdrM
> - **Dorsal**:
>   http://youtu.be/yzpN70vW2Ps
> - **Hombro**:
>   http://youtu.be/DPDFPkpJ2LY
> - **Trapecio y cuello**:
>   http://youtu.be/q2E-cOZ7s3l
> - **Bíceps**:
>   http://youtu.be/y-ieBQLHlQU
> - **Tríceps**:
>   http://youtu.be/EV7_9aEoN4w
> - **Antebrazo**:
>   http://youtu.be/lVoWOK3qm9o
> - **Abdominal**:
>   http://youtu.be/0edvO1_wcY4
> - **Lumbar**:
>   http://youtu.be/kh6sJsHOpfY

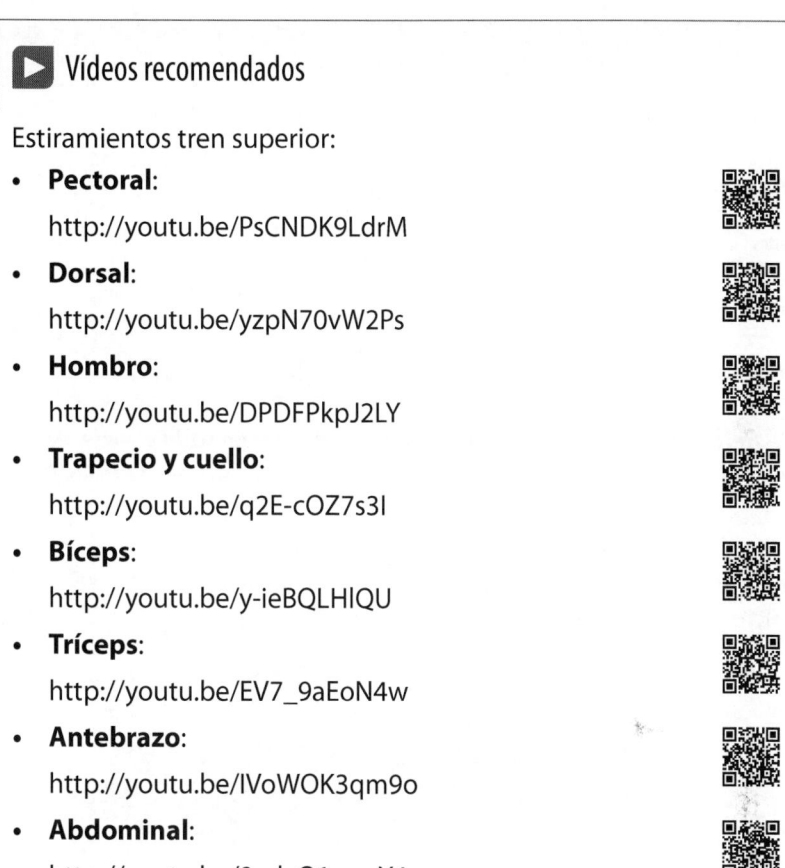

3. Entrenamiento de circuito de agilidad

Será un entrenamiento destinado a **memorizar el recorrido, aprender a acelerar y frenar con eficiencia, esquivar cada cono y valla sin riesgo de tirarlos**. Habrá que mejorar la velocidad de reacción, velocidad de desplazamiento, aceleración, agilidad, coordinación y flexibilidad. Con diferencia, es la prueba que más rápido se mejora. Para practicarla, se debe volver a leer la explicación de la técnica.

El momento ideal para practicarlo será justo después del calentamiento, antes de la sesión de musculación. No conviene realizar más repeticiones de las aconsejadas en la siguiente tabla, ya que se realiza tres días semanales y puede ser lesivo por tener una cantidad importante de aceleraciones, cambios de dirección, giros, etc.

NIVEL \ PROGRAMA	A	B	C	D	E
Muy bajo	2 veces libre	2 veces por pasos y 1 vez por libre	2 veces por partes y 2 veces por pasos	2 veces por partes y 3 veces libre	6 veces libre
Bajo	2 veces libre	2 veces por pasos y 2 veces por libre	2 veces por partes y 3 veces por pasos	2 veces por partes y 4 veces libre	7 veces libre
Medio	3 veces libre	2 veces por pasos y 2 veces por libre	2 veces por partes y 3 veces por pasos	2 veces por partes y 4 veces libre	7 veces libre
Alto	4 veces libre	2 veces por pasos y 3 veces por libre	3 veces por partes y 4 veces por pasos	3 veces por partes y 4 veces libre	8 veces libre
Muy alto	4 veces libre	2 veces por pasos y 3 veces por libre	3 veces por partes y 3 veces por pasos	3 veces por partes y 4 veces libre	8 veces libre

Relación del número de repeticiones a realizar en cada uno de los entrenamientos según el nivel obtenido en el test. Forma de practicarlo

Para la toma de tiempos se necesitará otra persona que active el cronómetro cuando el opositor comience y que lo pare al finalizar. No es necesario en todas las repeticiones, solo en algunas para controlar tiempos.

Midiendo los tiempos

Una vez finalizado un programa, antes de empezar el siguiente, se debe realizar el test del circuito. Con el tiempo obtenido, se debe comprobar si ha cambiado el nivel en esa prueba.

En el circuito tiene especial importancia el trabajo de la flexibilidad por medio de estiramientos, ya que como lo indican McAtee y Charland "*Ayudan a prevenir lesiones, mejoran el rendimiento, promueven la percepción del propio cuerpo, estimulan el riego sanguíneo y sirven para relajarse y centrarse mentalmente*".

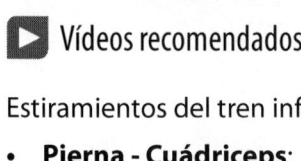

Vídeos recomendados

Estiramientos del tren inferior:

- **Pierna - Cuádriceps**:
  http://youtu.be/RwT73-nA7zY
- **Pierna - Femoral**:
  http://youtu.be/TPTFDcBfb-I
- **Pierna - Psoas**:
  http://youtu.be/ccgF49K67lQ
- **Pierna - Glúteo**:
  http://youtu.be/ZY36iUpxIdI
- **Pierna - Aductor**:
  http://youtu.be/BluyC7WQj2g
- **Pierna - Abductor**:
  http://youtu.be/LVYZhUIXjCA
- **Pierna - Gemelo**:
  http://youtu.be/qLciWStcqmI
- **Pierna - Sóleo**:
  http://youtu.be/1flIpjvmO_g

4. Entrenamiento de Course Navette

Habrá que entrenar la resistencia aeróbica y anaeróbica dado que en una carrera de esta prueba intervienen ambos sistemas de energía.

Los entrenamientos vendrán especificados en los programas en sí. Cada uno implicará un volumen e intensidad diferente. Serán tres días semanales los que se entrene esta prueba. Un día será destinado a mejorar la resistencia anaeróbica, la técnica de carrera y la capacidad de aceleración. Los otros dos días serán para entrenamientos más aeróbicos.

Corredor entrenando la prueba de Course Navette

Hay que tener en cuenta que es una prueba en la que se necesita una base aeróbica, pero con una buena técnica de carrera y tolerancia a las pulsaciones altas. El hecho de ser capaz de correr durante un tiempo a ritmo medio, con pulsaciones cómodas (60 - 70 % de la frecuencia cardíaca máxima), no va a significar que se puedan realizar los periodos pedidos. Esta es una prueba en la que las pulsaciones pueden llegar a un 100 % o más de la FCM del aspirante.

Por tanto, tiene gran importancia el entrenamiento del sistema anaeróbico de tipo láctico y aláctico, en el que hay una acumulación de ácido láctico. Se entrenará la tolerancia a las pulsaciones altas y se procurará aumentar el umbral anaeróbico (ver Conceptos fundamentales, capítulo 3).

La técnica de carrera también se entrenará para mejorar la eficiencia de los movimientos de desplazamiento.

Ejercicio de frecuencia de movimientos: rodillas arriba

Ejercicio de frecuencia de movimientos: talones atrás

Se recomienda correr al aire libre y no en una cinta o tapiz rodante de gimnasio. El opositor debe acostumbrarse desde un principio a tener que impulsar su cuerpo para desplazarse y en una cinta eso no sucede ya que se mueve sola.

Después de finalizar el entrenamiento se recomienda estirar todos los músculos implicados, con el fin de reducir agujetas y favorecer la recuperación de cara al siguiente entrenamiento.

 Videos recomendados

Correr al aire libre:
http://youtu.be/IYgn7hGGm64

- **Pierna - Cuádriceps**:
  http://youtu.be/RwT73-nA7zY
- **Pierna - Femoral**:
  http://youtu.be/TPTFDcBfb-I
- **Pierna - Psoas**:
  http://youtu.be/ccgF49K67lQ
- **Pierna - Glúteo**:
  http://youtu.be/ZY36iUpxIdl
- **Pierna - Aductor**:
  http://youtu.be/BluyC7WQj2g
- **Pierna - Abductor**:
  http://youtu.be/LVYZhUlXjCA
- **Pierna - Gemelo**:
  http://youtu.be/qLciWStcqml
- **Pierna - Sóleo**:
  http://youtu.be/1fllpjvmO_g

5. Entrenamiento de natación de 50 metros

Los entrenamientos de natación seguirán el siguiente formato:

- Calentamiento.

- Parte principal.

- Vuelta a la calma.

Sobre todo, se entrenará el estilo más rápido: el crol. No obstante, se practicará también la espalda y la braza. En cuestión de la forma de nado a mariposa, no se hará nada debido a su complejidad y poca transferencia al crol.

Finalización de un entrenamiento de natación

Entrada de cabeza al agua

El volumen de metros va a depender del estado de forma física inicial de cada opositor, hallado éste con el test de las cuatro pruebas físicas.

Después de finalizar el entrenamiento se recomienda estirar todos los músculos implicados, con el fin de reducir agujetas y favorecer la recuperación de cara al siguiente entrenamiento. Como es un ejercicio que trabaja el tren superior e inferior, habrá que estirar prácticamente todo el cuerpo.

▶ Videos recomendados

Estiramientos del tren superior:
- **Pectoral**:
  http://youtu.be/PsCNDK9LdrM
- **Dorsal**:
  http://youtu.be/yzpN70vW2Ps
- **Hombro**:
  http://youtu.be/DPDFPkpJ2LY
- **Trapecio y cuello**:
  http://youtu.be/q2E-cOZ7s3I
- **Bíceps**:
  http://youtu.be/y-ieBQLHlQU
- **Tríceps**:
  http://youtu.be/EV7_9aEoN4w
- **Antebrazo**:
  http://youtu.be/lVoWOK3qm9o
- **Abdominal**:
  http://youtu.be/0edvO1_wcY4
- **Lumbar**:
  http://youtu.be/kh6sJsHOpfY

Estiramientos del tren inferior:
- **Pierna - Cuádriceps**:
  http://youtu.be/RwT73-nA7zY
- **Pierna - Femoral**:
  http://youtu.be/TPTFDcBfb-I
- **Pierna - Psoas**:
  http://youtu.be/ccgF49K67lQ
- **Pierna - Glúteo**:
  http://youtu.be/ZY36iUpxIdI
- **Pierna - Aductor**:
  http://youtu.be/BluyC7WQj2g
- **Pierna - Abductor**:
  http://youtu.be/LVYZhUIXjCA
- **Pierna - Gemelo**:
  http://youtu.be/qLciWStcqmI
- **Pierna - Sóleo**:
  http://youtu.be/1flIpjvmO_g

CAPÍTULO 17

Explicación y desarrollo de los periodos de entrenamiento

1. Introducción

 Recuerda que...

La planificación para la preparación de estas pruebas físicas tendrá cuatro periodos en los que se engloban diversos programas de entrenamiento.

La siguiente tabla comprende la duración de los programas, relacionando el tiempo disponible antes del día de las pruebas oficiales y el tipo de periodo.

Tiempo / Periodo	10 meses	9 meses	8 meses	7 meses	6 meses	5 meses	4 meses	3 meses
Preparatorio general	Programa A: 2 meses	Programa A: 2 meses	Programa A: 1 mes	Programa A: 1 mes	Programa A: 1 mes	Programa A: 1 mes	Programa A: 2 semanas	Programa A: 2 semanas
	Programa B: 2 meses	Programa B: 1 mes	Programa B: 2 meses	Programa B: 2 meses	Programa B: 1 meses	Programa B: 1 meses	Programa B: 2 semanas	Programa B: 2 semanas
Preparatorio específico	Programa C: 2 meses	Programa C: 2 meses	Programa C: 1 mes	Programa C: 1 mes	Programa C: 1 mes	Programa C: 1 mes	Programa C: 1 mes	Programa C: 1 mes
Competitivo general	Programa D: 2 meses	Programa D: 2 meses	Programa D: 2 meses	Programa D: 2 meses	Programa D: 2 meses	Programa D: 1 mes	Programa D: 1 mes	Programa D: 2 semanas
Competitivo específico	Programa E: 2 meses	Programa E: 2 meses	Programa E: 2 meses	Programa E: 1 mes	Programa E: 1 mes	Programa E: 1 mes	Programa E: 1 mes	Programa E: 2 semanas

Duración de los programas en función
del tiempo restante hasta la realización de las pruebas

El opositor deberá realizar los **4 periodos con sus correspondientes 5 programas**, independientemente del tiempo que le quede hasta la fecha del examen oficial de las pruebas físicas. Reducir o aumentar la duración de cada uno de los programas hará que la planificación se vea afectada y que el opositor no llegue con un estado óptimo de forma física al día de las pruebas.

2. Periodo preparatorio general

Es la primera etapa de preparación física en la cual se comienza con entrenamientos generales, trabajando las cualidades físicas básicas y desarrollando todos los músculos, tanto los implicados en las pruebas como los que no. Es un periodo necesario para crear una base aeróbica y muscular y, así, evitar posibles lesiones en un futuro cuando los entrenamientos sean más específicos.

Sirve para que no haya futuras descompensaciones en la musculatura. Es un error caer en la especificidad del entrenamiento ya desde el principio de la preparación de las pruebas físicas de acceso. Se debe ir de lo más general a lo más específico con una estructura y secuencia lógica. Para ello, hay que ir periodo a periodo, sin saltarse ninguno.

En cuanto al tipo de carga, destacar que el volumen y la intensidad serán bajos al principio, pero irán incrementando progresivamente e incluso llegará a haber una notable diferencia a favor del volumen.

 Recuerda que...

Para entender correctamente la distribución de las cargas de entrenamiento, se recomienda volver a leer las definiciones de carga, intensidad y volumen en el Capítulo 3.

Este Periodo Preparatorio General está compuesto por dos programas de entrenamiento deportivo con duración variable, según el tiempo disponible del opositor hasta el día de las pruebas.

3. Periodo preparatorio específico

Es la segunda etapa de preparación para las pruebas físicas. Comienza a hacerse un poco más específico el entrenamiento, buscando el protagonismo de las cualidades físicas básicas y los músculos principales en cada una de las pruebas, sin desentenderse de los secundarios.

Respecto a la carga, el volumen empieza a reducirse y la intensidad aumenta progresivamente.

Este periodo está compuesto por un único programa de entrenamiento deportivo y su duración depende del tiempo disponible del opositor hasta el día de las pruebas oficiales.

4. Periodo competitivo general

Es la tercera etapa de preparación física. Se comienza a buscar el ritmo de competición, es decir, la simulación de las características de cada prueba.

En cuanto a la carga, los valores del volumen siguen disminuyendo y los de intensidad aumentan hasta su pico máximo.

Este periodo conlleva un programa de entrenamiento de duración variable según el tiempo restante hasta el día de las pruebas.

5. Periodo competitivo específico

Es la cuarta y última etapa de preparación. Consiste en una puesta a punto para llegar con el máximo nivel posible al día de las pruebas físicas oficiales. Los ejercicios de los entrenamientos son totalmente específicos y buscan simular cada una de las pruebas al detalle.

Atendiendo a la carga, la intensidad sigue en su máximo valor y el volumen vuelve a aumentar, alcanzando un valor casi tan alto como la intensidad.

Está compuesto por un programa de entrenamiento en el que la duración depende del tiempo disponible del opositor hasta el día de las pruebas.

CAPÍTULO 18

Periodo preparatorio general: programas A y B

1. Introducción

Es necesario realizar todos los programas (A, B, C, D y E) durante el tiempo estipulado.

2. Programa A

Se debe realizar durante el tiempo indicado en el Capítulo 17 "Explicación y desarrollo de los periodos de entrenamiento", que irá en función del tiempo restante hasta la fecha de las pruebas físicas oficiales.

2.1. Entrenamiento de circuito

Realizar según se ha indicado en el Capítulo 15 "Consideraciones de los programas de entrenamiento".

PROGRAMA / NIVEL	A
Muy bajo	2 veces libre
Bajo	2 veces libre
Medio	3 veces libre
Alto	4 veces libre
Muy alto	4 veces libre

Entrenamiento de circuito, programa A

2.2. Entrenamiento de press de banca

En este tipo de entrenamiento las consideraciones a tener en cuenta son:

– **Repeticiones**: 10 de cada uno de los ejercicios.

– **En circuito**: las vueltas dependerán del nivel obtenido en las pruebas. Ejemplo: 10 repeticiones del ejercicio 1, 10 del ejercicio 2... así hasta el último y se vuelve a empezar, haciendo el número de vueltas correspondiente al nivel obtenido en las pruebas.

- **Series**: dependerá del número de vueltas en que se realice el circuito.

- **Intensidad**: media, que no cueste llegar a la última repetición.

- **Recuperación**: entre ejercicios, es lo que lleve desplazarse de uno a otro. Entre vueltas, es de 1 minuto.

- **Velocidad**: moderada, ni rápida ni lenta.

Press vertical

ENTRENAMIENTO 1	ENTRENAMIENTO 2	ENTRENAMIENTO 3
1. Flexiones de brazo (si es necesario, apoyar rodillas para llegar a las 10 repeticiones)	1. Press hombros con mancuernas	1. Press vertical para pecho
2. Encogimientos normales	2. Encogimientos normales	2. Encogimientos normales
3. Aperturas planas con mancuernas	3. Bíceps alterno con giro de mancuerna	3. Aperturas planas con mancuernas
4. Elevaciones de pelvis para abdominal con piernas a 90º	4. Elevaciones de pelvis para abdominal con piernas a 90º	4. Elevaciones de pelvis para abdominal con piernas a 90º
5. Press vertical para pecho	5. Extensión tríceps en polea alta	5. Remo en máquina agarre estrecho

Entrenamiento de press de banca, programa A

Vídeos recomendados

- **Flexiones normales**:
  http://youtu.be/o1uEOySgqeI
- **Flexiones con rodillas apoyadas**:
  http://youtu.be/cay0sCjaY2s
- **Flexiones con manos apoyadas en pared**:
  http://youtu.be/yEshJMmWsiI
- **Press con mancuernas**:
  http://youtu.be/etBfeWlG3UI
- **Encogimientos normales**:
  http://youtu.be/8kAtiCfSPAM
- **Remo en máquina, agarre estrecho**:
  http://youtu.be/soCIc8IC_fg
- **Curl con mancuernas, giro alterno**:
  http://youtu.be/Nq34NX-XbSE
- **Elevación de pelvis**:
  http://youtu.be/MtQQgPfX_LI
- **Aperturas planas con mancuernas**:
  http://youtu.be/5mqzrMArDwg
- **Extensión en polea alta con barra**:
  http://youtu.be/RU_xplYhPFM

Abdominales elevación de pelvis

2.3. Entrenamiento de Course Navette

En este tipo de entrenamiento las consideraciones a tener en cuenta son:

– Intensidad:

* **Baja**, que no cueste apenas esfuerzo. 60 % de la FCM.

* **Media**, que permita hablar sin esfuerzo. 70 % de la FCM.

* **Alta**, que se entrecorten las palabras a la hora de hablar. 80 % de la FCM.

* **Muy alta**, que sea casi imposible hablar. 90 % de la FCM.

Ejemplo: persona de 30 años. FCM = 220 - edad = 190 de pulsaciones máximas teóricas por minuto. El 70 % de 190 es 133 pulsaciones/minuto.

Las denominadas progresiones consisten en una carrera de distancia corta en la que la velocidad se va aumentando progresivamente desde el comienzo hasta el final de dicho espacio a recorrer. Es decir, se comienza corriendo a un ritmo bajo y se va aumentando hasta la intensidad solicitada.

A diferencia de la progresión, el sprint se realiza a gran velocidad ya desde el principio.

– Recuperación entre progresiones y ejercicios de técnica de carrera: el tiempo que cueste volver caminando al punto de partida.

– Estiramientos: al acabar se deben estirar las piernas manteniendo la posición sin hacer rebotes durante 30-40 segundos.

ENTRENAMIENTO	
Nivel muy bajo	10 minutos carrera, intensidad media Técnica de carrera: rodillas arriba. 2 series de 10 metros 2 progresiones de 20 metros acabando con una intensidad media 10 minutos carrera, intensidad media
Nivel bajo	10 minutos carrera, intensidad media Técnica de carrera: rodillas arriba. 2 series de 10 metros 4 progresiones de 20 metros acabando con una intensidad media 10 minutos carrera, intensidad media

.../...

Nivel medio	10 minutos carrera, intensidad media Técnica de carrera: rodillas arriba. 3 series de 15 metros 4 progresiones de 30 metros acabando con una intensidad media 10 minutos carrera, intensidad media
Nivel alto	15 minutos carrera, intensidad media Técnica de carrera: rodillas arriba. 4 series de 20 metros 4 progresiones de 40 metros acabando con una intensidad alta 15 minutos carrera, intensidad media
Nivel muy alto	15 minutos carrera, intensidad media Técnica de carrera: rodillas arriba. 4 series de 20 metros 4 progresiones de 50 metros acabando con una intensidad alta 15 minutos carrera, intensidad media

Entrenamiento 1 de carrera , programa A

 Vídeos recomendados

- **Carrera rodillas arriba**:
  https://youtu.be/UFaOSRA7Rsg
- **Carrera salida sprint**:
  https://youtu.be/M3cjURMmnF4

	ENTRENAMIENTO 2	ENTRENAMIENTO 3
Nivel muy bajo	15 min carrera, intensidad media	15 min carrera, intensidad media
Nivel bajo	20 min carrera, intensidad media	20 min carrera continua, intensidad media
Nivel medio	25 min carrera continua, intensidad media	30 min carrera continua, intensidad media
Nivel alto	35 min carrera continua, intensidad media	40 min carrera continua, intensidad media
Nivel muy alto	40 min carrera continua, intensidad media	45 min carrera continua, intensidad media

Entrenamientos 2 y 3 de carrera , programa A

2.4. Entrenamiento de natación 50 metros

Observaciones en los entrenamientos de natación:

- **Intensidad**: media.

- **Estilos**: vienen determinados. Si pone "estilo libre", significa que es a libre elección (no tiene por qué ser crol).

- **Distancia a realizar**: viene determinada en metros, aunque solo ponga un dato numérico.

- **Recuperación**: se hace de forma vertical, dentro del agua pero con los pies apoyados.

- **Estiramientos**: al acabar se deben estirar los brazos y piernas manteniendo la posición sin hacer rebotes durante 30-40 segundos.

	ENTRENAMIENTO 1	ENTRENAMIENTO 2	ENTRENAMIENTO 3
Nivel muy bajo	50 metros braza 8 x 50 pies crol con tabla 1. Rec: 40 seg 50 metros braza	50 metros estilo libre 8 x 50 rasca pulgar. Rec: 40 segundos 50 metros estilo libre	50 metros braza 8 x 50 pies crol con tabla 1. Rec: 40 seg 50 metros braza
Nivel bajo	100 metros estilo libre 10 x 50 pies crol con tabla 1. Rec: 40 seg 100 metros estilo libre	100 metros estilo libre 10 x 50 rasca pulgar. Rec: 40 segundos 100 metros estilo libre	100 metros estilo libre 10 x 50 pies crol con tabla 1. Rec: 40 seg 100 metros estilo libre
Nivel medio	200 metros estilo libre 4 x 50 pies crol con tabla 1. Rec: 30 seg 4 x 50 espalda. Rec: 30 segundos 200 metros estilo libre	200 metros estilo libre 4 x 50 rasca pulgar. Rec: 30 segundos 4 x 50 braza. Rec: 20 segundos 200 metros estilo libre	200 metros estilo libre 4 x 50 pies crol con tabla 1. Rec: 30 seg 4 x 50 espalda. Rec: 30 segundos 200 metros estilo libre
Nivel alto	200 metros estilo libre 4 x 50 pies crol con tabla 1. Rec: 25 seg 4 x 50 espalda. Rec: 25 segundos 4 x 50 crol ritmo alto. Rec: 30 segundos 200 metros estilo libre	200 metros estilo libre 4 x 100 rasca pulgar. Rec: 25 segundos 4 x 50 braza. Rec: 20 segundos 200 metros estilo libre	200 metros estilo libre 4 x 50 pies crol con tabla 1. Rec: 25 seg 4 x 50 espalda. Rec: 25 segundos 4 x 50 crol ritmo alto. Rec: 30 segundos 200 metros estilo libre
Nivel muy alto	300 metros estilo libre 4 x 100 pies crol con tabla 1. Rec: 25 seg 4 x 50 espalda. Rec: 25 segundos 4 x 50 crol ritmo alto. Rec: 30 segundos 300 metros estilo libre	200 metros estilo libre 4 x 100 rasca pulgar. Rec: 25 segundos 4 x 50 braza. Rec: 20 segundos 200 metros estilo libre	300 metros estilo libre 4 x 100 pies crol con tabla 1. Rec: 25 seg 4 x 50 espalda. Rec: 25 segundos 4 x 50 crol ritmo alto. Rec: 30 segundos 300 metros estilo libre

Entrenamiento de natación 50 metros natación, programa A

▶ Vídeos recomendados

- **Estilo crol**:
  https://youtu.be/A1D-_iZS6Is
- **Estilo braza**:
  https://youtu.be/_hE-_IsEx-o
- **Estilo crol pies tabla 1**:
  https://youtu.be/OaOVm--6Wws
- **Estilo espalda**:
  https://youtu.be/ltt23Cr2X94
- **Estilo crol rasca pulgar**:
  https://youtu.be/7LG5Mg-EYCs

Ejercicio de pulgar rasca axila

✈ Recuerda que...

Se debe realizar el test de todas las pruebas físicas antes de comenzar el siguiente programa. Puede que el nivel del opositor haya cambiado.

3. Programa B

Se debe realizar durante el tiempo indicado en el Capítulo 17 "Explicación y desarrollo de los periodos de entrenamiento", que irá en función del tiempo restante hasta la fecha de las pruebas físicas oficiales.

3.1. Entrenamiento de circuito

Realizarlo según lo que se indica al respecto en el Capítulo 15 "Consideraciones de los programas de entrenamiento".

PROGRAMA / NIVEL	B
Muy bajo	2 veces por pasos y 1 vez por libre
Bajo	2 veces por pasos y 2 veces por libre
Medio	2 veces por pasos y 2 veces por libre
Alto	2 veces por pasos y 3 veces por libre
Muy alto	2 veces por pasos y 3 veces por libre

Entrenamiento de circuito, programa B

3.2. Entrenamiento de press de banca

En este tipo de entrenamiento las consideraciones a tener en cuenta son:

– **Repeticiones**: 12 de cada uno de los ejercicios.

– **En circuito**: las vueltas dependerán del nivel obtenido en las pruebas.

  Ejemplo: 12 repeticiones del ejercicio 1, 12 del ejercicio 2... así hasta el último y se vuelve a empezar, haciendo el número de vueltas correspondiente al nivel obtenido en las pruebas.

– **Series**: dependerá del número de vueltas realizadas en el circuito.

– **Intensidad**: media-alta, que cueste un poco llegar a la última repetición.

– **Recuperación**: entre ejercicios, es lo que lleve desplazarse de uno a otro. Entre vueltas es de 1 minuto.

– **Velocidad**: moderada, ni rápida ni lenta.

ENTRENAMIENTO 1	ENTRENAMIENTO 2	ENTRENAMIENTO 3
1. Press de banca con barra	1. Elevación lateral con mancuernas	1. Jalón al pecho agarre estrecho
2. Encogimientos normales	2. Encogimientos normales	2. Encogimientos normales
3. Press plano con mancuernas	3. Bíceps alterno con giro de mancuerna	3. Remo en máquina agarre estrecho
4. Elevaciones de pelvis para abdominal con piernas a 90°	4. Elevaciones de pelvis para abdominal con piernas a 90°	4. Elevaciones de pelvis para abdominal con piernas a 90°
5. Jalón al pecho agarre estrecho	5. Press francés para tríceps	5. Flexiones de brazos (con o sin rodillas apoyadas en el suelo)
6. Encogimientos abdominales mano a mismo pie	6. Encogimientos abdominales mano a mismo pie	6. Encogimientos abdominales mano a mismo pie

Entrenamiento de press de banca, programa B

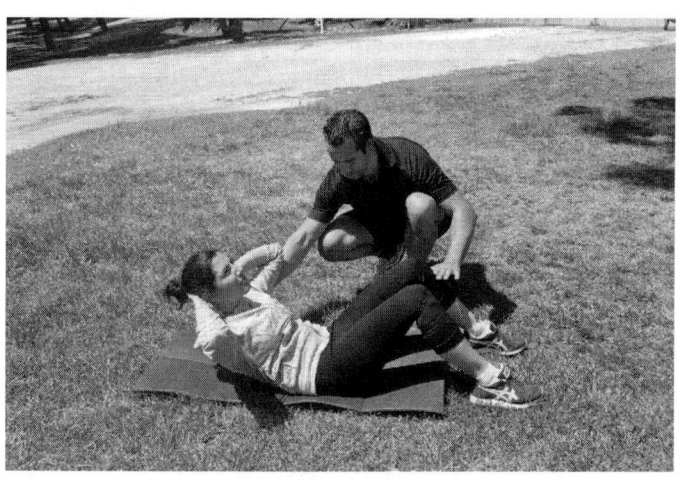

Ejercicio de abdominales normales

▶ Vídeos recomendados

- **Press plano con mancuernas**:
  http://youtu.be/X11Z4ZIYSns
- **Press banca con barra**:
  https://www.youtube.com/watch?v=J_FNUFIDIH0
- **Jalón al pecho agarre estrecho**:
  http://youtu.be/2oySz9COBIY
- **Encogimientos normales**:
  http://youtu.be/8kAtiCfSPAM
- **Elevaciones laterales con mancuernas**:
  http://youtu.be/Xq4YLJw61Ak
- **Remo en máquina, agarre estrecho**:
  http://youtu.be/soClc8lC_fg
- **Curl con mancuernas, giro alterno**:
  http://youtu.be/Nq34NX-XbSE
- **Elevación de pelvis**:
  http://youtu.be/MtQQgPfX_LI
- **Flexiones normales**:
  http://youtu.be/o1uEOySgqeI
- **Flexiones con rodillas apoyadas**:
  http://youtu.be/cay0sCjaY2s
- **Press francés con mancuernas**:
  http://youtu.be/DMKGl9wrDO8
- **Encogimientos mano a mismo**:
  http://youtu.be/9PWHPGqgIcE

Flexiones de brazo normales

3.3. Entrenamiento de Course Navette

En este tipo de entrenamiento las consideraciones a tener en cuenta son:

– Intensidad:

* **Baja**, que no cueste apenas esfuerzo. 60 % de la FCM.

* **Media**, que permita hablar sin esfuerzo. 70 % de la FCM.

* **Alta**, que se entrecorten las palabras a la hora de hablar. 80 % de la FCM.

* **Muy alta**, que sea casi imposible hablar. 90 % de la FCM.

Ejemplo: persona de 30 años. FCM = 220 - edad = 190 de pulsaciones máximas teóricas por minuto. El 70 % de 190 es 133 pulsaciones/minuto.

Las denominadas progresiones consisten en una carrera de distancia corta en la que la velocidad se va aumentando progresivamente desde el comienzo hasta el final de dicho espacio a recorrer. Es decir, se comienza corriendo a un ritmo bajo y se va aumentando hasta la intensidad solicitada.

A diferencia de la progresión, el sprint se realiza a gran velocidad ya desde el principio.

– Recuperación entre progresiones y ejercicios de técnica de carrera: el tiempo que cueste volver caminando al punto de partida.

– Estiramientos: al acabar se deben estirar las piernas manteniendo la posición sin hacer rebotes durante 30-40 segundos.

ENTRENAMIENTO	
Nivel muy bajo	10 minutos carrera, intensidad media Técnica de carrera: talones atrás. 2 series de 10 metros 2 progresiones de 30 metros acabando con una intensidad media 10 minutos carrera, intensidad media
Nivel bajo	15 minutos carrera, intensidad media Técnica de carrera: talones atrás. 2 series de 10 metros 4 progresiones de 30 metros acabando con una intensidad media 10 minutos carrera, intensidad media
Nivel medio	10 minutos carrera, intensidad media Técnica de carrera: talones atrás. 3 series de 15 metros 4 progresiones de 40 metros acabando con una intensidad media 10 minutos carrera, intensidad media

.../...

ENTRENAMIENTO	
Nivel alto	15 minutos carrera, intensidad media Técnica de carrera: talones atrás. 4 series de 20 metros 4 progresiones de 50 metros acabando con una intensidad alta 15 minutos carrera, intensidad media
Nivel muy alto	15 minutos carrera, intensidad media Técnica de carrera: rodillas arriba. 4 series de 20 metros 4 progresiones de 50 metros acabando con una intensidad alta 15 minutos carrera, intensidad media

Entrenamiento 1 de carrera, programa B

 Vídeos recomendados

- **Carrera talones atrás**:
  https://youtu.be/dTscAQ-ONW8

- **Carrera salida sprint**:
  https://youtu.be/M3cjURMmnF4

	ENTRENAMIENTO 2	ENTRENAMIENTO 3
Nivel muy bajo	20 min carrera, intensidad media	15 min carrera continua, intensidad media
Nivel bajo	20 min carrera continua, intensidad media	25 min carrera continua, intensidad media
Nivel medio	30 min carrera continua, intensidad media	35 min carrera continua, intensidad media
Nivel alto	40 min carrera continua, intensidad media	45 min carrera continua, intensidad media
Nivel muy alto	45 min carrera continua, intensidad media	50 min carrera continua, intensidad media

Entrenamientos 2 y 3 de carrera, programa B

3.4. Entrenamiento de natación 50 metros

Observaciones en los entrenamientos de natación:

- **Intensidad**: media.
- **Estilos**: vienen determinados. Si pone "estilo libre", significa que es a libre elección (no tiene por qué ser crol).

- **Distancia a realizar**: viene determinada en metros, aunque solo ponga un dato numérico.
- **Recuperación**: se hace de forma vertical, dentro del agua pero con los pies apoyados.
- **Estiramientos**: al acabar se deben estirar los brazos y piernas manteniendo la posición sin hacer rebotes durante 30-40 segundos.

	ENTRENAMIENTO 1	ENTRENAMIENTO 2	ENTRENAMIENTO 3
Nivel muy bajo	50 metros braza 8 x 50 pies crol con tabla 1. Rec: 40 seg 50 metros braza	50 metros estilo libre 8 x 50 rasca pulgar. Rec: 40 segundos 50 metros estilo libre	50 metros braza 8 x 50 pies crol con tabla 1. Rec: 40 seg 50 metros braza
Nivel bajo	100 metros estilo libre 10 x 50 pies crol con tabla 1. Rec: 40 seg 100 metros estilo libre	100 metros estilo libre 10 x 50 rasca pulgar. Rec: 40 segundos 100 metros estilo libre	100 metros estilo libre 10 x 50 pies crol con tabla 1. Rec: 40 seg 100 metros estilo libre
Nivel medio	200 metros estilo libre 4 x 50 pies crol con tabla 1. Rec: 30 seg 4 x 50 espalda. Rec: 30 segundos 200 metros estilo libre	200 metros estilo libre 4 x 50 rasca pulgar. Rec: 30 segundos 4 x 50 braza. Rec: 20 segundos 200 metros estilo libre	200 metros estilo libre 4 x 50 pies crol con tabla 1. Rec: 30 seg 4 x 50 espalda. Rec: 30 segundos 200 metros estilo libre
Nivel alto	200 metros estilo libre 4 x 50 pies crol con tabla 1. Rec: 25 seg 4 x 50 espalda. Rec: 25 segundos 4 x 50 crol ritmo alto. Rec: 30 segundos 200 metros estilo libre	200 metros estilo libre 4 x 100 rasca pulgar. Rec: 25 segundos 4 x 50 braza. Rec: 20 segundos 200 metros estilo libre	200 metros estilo libre 4 x 50 pies crol con tabla 1. Rec: 25 seg 4 x 50 espalda. Rec: 25 segundos 4 x 50 crol ritmo alto. Rec: 30 segundos 200 metros estilo libre
Nivel muy alto	300 metros estilo libre 4 x 100 pies crol con tabla 1. Rec: 25 seg 4 x 50 espalda. Rec: 25 segundos 4 x 50 crol ritmo alto. Rec: 30 segundos 300 metros estilo libre	200 metros estilo libre 4 x 100 rasca pulgar. Rec: 25 segundos 4 x 50 braza. Rec: 20 segundos 200 metros estilo libre	300 metros estilo libre 4 x 100 pies crol con tabla 1. Rec: 25 seg 4 x 50 espalda. Rec: 25 segundos 4 x 50 crol ritmo alto. Rec: 30 segundos 300 metros estilo libre

Entrenamiento de natación 50 metros, programa B

▶ Vídeos recomendados

- **Estilo braza**:
  https://youtu.be/_hE-_IsEx-o

- **Estilo crol**:
  https://youtu.be/A1D-_iZS6Is

- **Estilo crol pies tabla 1**:
  https://youtu.be/OaOVm--6Wws

- **Estilo espalda**:
  https://youtu.be/Itt23Cr2X94

- **Estilo crol rasca pulgar**:
  https://youtu.be/7LG5Mg-EYCs

Respiración frontal

📌 Recuerda que...

Se debe realizar el test de todas las pruebas físicas antes de comenzar el siguiente programa. Puede que el nivel del opositor haya cambiado.

CAPÍTULO 19

Periodo preparatorio específico: programa C

1. Introducción

Se debe realizar durante el tiempo indicado en el Capítulo 17 "Explicación y desarrollo de los periodos de entrenamiento", que irá en función del tiempo restante hasta la fecha de las pruebas físicas oficiales.

2. Entrenamiento de circuito

Realizarlo según lo indicado en el Capítulo 15 "Consideraciones de los programas de entrenamiento".

PROGRAMA NIVEL	C
Muy bajo	2 veces por partes y 2 veces por pasos
Bajo	2 veces por partes y 3 veces por pasos
Medio	2 veces por partes y 3 veces por pasos
Alto	3 veces por partes y 3 veces por pasos
Muy alto	3 veces por partes y 3 veces por pasos

Entrenamiento de circuito, programa C

Práctica del circuito

3. Entrenamiento de press de banca

En este tipo de entrenamiento las consideraciones a tener en cuenta son:

- **Repeticiones**: 15 de cada uno de los ejercicios.

- **En circuito**: las vueltas dependerán del nivel obtenido en las pruebas. Ejemplo: 15 repeticiones del ejercicio 1, 15 del ejercicio 2 y 15 del ejercicio 3. Luego se pasa al siguiente grupo de ejercicios 1, 2 y 3. Hay que hacer el número de vueltas correspondiente al nivel obtenido en las pruebas.

- **Series**: dependerá del número de vueltas realizadas del circuito.

- **Intensidad**: media-alta, que cueste algo llegar a la última repetición.

- **Recuperación**: entre ejercicios es lo que lleve desplazarse de uno a otro. Entre vueltas es de 45 segundos.

- **Velocidad**: moderada, ni rápida ni lenta.

ENTRENAMIENTO 1	ENTRENAMIENTO 2	ENTRENAMIENTO 3
1. Press de banca con barra	1. Jalón al pecho, agarre inverso	1. Press inclinado con mancuernas
2. Encogimientos abdominales mano a mismo pie	2. Encogimientos abdominales mano a mismo pie	2. Encogimientos abdominales mano a mismo pie
3. Press plano con mancuernas	3. Encogimientos de trapecio con mancuernas	3. Press de banca con 15 kgs mujeres y 25 kgs hombres. Repeticiones al máximo
1. Elevaciones de pelvis para abdominal con piernas estiradas	1. Fondos de tríceps en banco/s	1. Elevaciones de pelvis para abdominal con piernas estiradas
2. Bíceps con barra en polea baja	2. Elevaciones de pelvis para abdominal con piernas estiradas	2. Bíceps con barra en polea baja
3. Elevación de pelvis para lumbares		3. Elevación de pelvis para lumbares

Entrenamiento de press de banca, programa C

▶ Vídeos recomendados

- **Press de banca:**

  https://www.youtube.com/watch?v=J_FNUFIDlH0

- **Encogimientos mano a mismo pie**:

  http://youtu.be/9PWHPGqglcE

- **Press plano con mancuernas**:

  http://youtu.be/X11Z4ZIYSns

- **Press inclinado con mancuernas**:

  http://youtu.be/hniVrHuGvhA

- **Jalón al pecho agarre estrecho**:

  http://youtu.be/2oySz9COBlY

- **Jalón al pecho agarre inverso**:

  http://youtu.be/2oySz9COBlY

- **Encogimientos con mancuerna**:

  http://youtu.be/u3N8CNlkezk

- **Fondos en banco o silla**:

  http://youtu.be/aX093Pr3TLY

- **Elevación de pelvis para abdominales**:

  http://youtu.be/MtQQgPfX_LI

- **Curl con barra en polea baja**:

  http://youtu.be/PSrsVuKcxCM

- **Elevación de pelvis para lumbar y glúteo**:

  http://youtu.be/oy06osLVils

Press de banca con gran carga de peso

Jalón al pecho con agarre inverso

4. Entrenamiento de Course Navette

En este tipo de entrenamiento las consideraciones a tener en cuenta son:

– Intensidad:

* **Baja**, que no cueste apenas esfuerzo. 60 % de la FCM.

* **Media**, que permita hablar sin esfuerzo. 70 % de la FCM.

* **Alta**, que se entrecorten las palabras a la hora de hablar. 80 % de la FCM.

* **Muy alta**, que sea casi imposible hablar. 90 % de la FCM.

Ejemplo: persona de 30 años. FCM = 220 - edad = 190 de pulsaciones máximas teóricas por minuto. El 70 % de 190 es 133 pulsaciones/minuto.

Las denominadas progresiones consisten en una carrera de distancia corta en la que la velocidad se va aumentando progresivamente desde el comienzo hasta el final de dicho espacio a recorrer. Es decir, se comienza corriendo a un ritmo bajo y se va aumentando hasta la intensidad solicitada.

A diferencia de la progresión, el sprint se realiza a gran velocidad ya desde el principio.

– Recuperación entre progresiones y ejercicios de técnica de carrera: el tiempo que cueste volver caminando al punto de partida.

– Recuperación entre sprints: 1 minuto 30 segundos.

– Estiramientos: al acabar se deben estirar las piernas manteniendo la posición sin hacer rebotes durante 30-40 segundos.

ENTRENAMIENTO	
Nivel muy bajo	10 minutos carrera, intensidad media Técnica de carrera: rodillas arriba. 2 series de 15 metros 3 progresiones de 30 metros acabando con una intensidad media 10 minutos carrera, intensidad media
Nivel bajo	10 minutos carrera, intensidad media Técnica de carrera: rodillas arriba. 3 series de 15 metros 4 progresiones de 30 metros acabando con una intensidad media 10 minutos carrera, intensidad media
Nivel medio	10 minutos carrera, intensidad media Técnica de carrera: rodillas arriba. 3 series de 15 metros 3 progresiones de 20 metros acabando con una intensidad media 10 minutos carrera, intensidad media
Nivel alto	15 minutos carrera, intensidad media Técnica de carrera: rodillas arriba. 4 series de 20 metros 3 sprints de 30 metros con una intensidad alta 15 minutos carrera, intensidad media
Nivel muy alto	15 minutos carrera, intensidad media Técnica de carrera: rodillas arriba. 4 series de 20 metros 3 sprints de 40 metros con una intensidad alta 15 minutos carrera, intensidad media

Entrenamiento 1 de carrera, programa C

> ### ▶ Vídeos recomendados
>
> - **Carrera rodillas arriba**:
>   https://youtu.be/UFaOSRA7Rsg
>
> - **Carrera salida sprint**
>   https://youtu.be/M3cjURMmnF4

Ejercicio de rodillas arriba

	ENTRENAMIENTO 2	**ENTRENAMIENTO 3**
Nivel muy bajo	20 min carrera continua, intensidad media	20 min carrera continua, intensidad media
Nivel bajo	25 min carrera continua, intensidad media	30 min progresivos: 10 medio, 10 alto, 10 medio
Nivel medio	5 min medio 15 min cambios ritmo: 2 medio-1 alto 5 min medio para relajar	35 min progresivos: 10 medio, 15 alto, 10 medio

.../...

.../...

Nivel alto	5 min medio 20 min cambios ritmo: 2 medio-1 alto 5 min medio para relajar	40 min progresivos: 10 medio, 10 alto, 10 muy alto, 10 medio
Nivel muy alto	5 min medio 25 min cambios ritmo: 2 medio-1 alto 5 min medio para relajar	45 min progresivos: 10 medio, 15 alto, 10 muy alto, 10 medio

Entrenamientos 2 y 3 de carrera, programa C

5. Entrenamiento de natación 50 metros

Observaciones en los entrenamientos de natación:

- Intensidad: media.

- Estilos: vienen determinados. Si pone "estilo libre", significa que es a libre elección (no tiene por qué ser crol).

- Distancia a realizar: viene determinada en metros, aunque solo ponga un dato numérico.

- Recuperación: se hace de forma vertical, dentro del agua pero con los pies apoyados.

- Estiramientos: al acabar se deben estirar los brazos y piernas manteniendo la posición sin hacer rebotes durante 30-40 segundos.

Ejercicio de pies de crol

	ENTRENAMIENTO 1	ENTRENAMIENTO 2	ENTRENAMIENTO 3
Nivel muy bajo	50 metros braza 8 x 50 pies crol con tabla 2. Rec: 40 seg 50 metros braza	50 metros estilo libre 8 x 50 rasca pulgar. Rec: 40 segundos 50 metros estilo libre	50 metros braza 8 x 50 pies crol con tabla 2. Rec: 40 seg 50 metros braza
Nivel bajo	100 metros estilo libre 8 x 50 crol. Rec: 25 seg 6 x 25 pies crol con tabla 2. Rec: 40 seg 100 metros estilo libre	100 metros estilo libre 10 x 50 rasca pulgar. Rec: 40 segundos 100 metros estilo libre	100 metros estilo libre 8 x 50 crol. Rec: 25 seg 6 x 25 pies crol con tabla 2. Rec: 40 seg 100 metros estilo libre
Nivel medio	200 metros estilo libre 3 x 25 crol. Rec: 20 seg 4 x 50 pies crol con tabla 2. Rec: 30 seg 4 x 50 espalda. Rec: 30 segundos 200 metros estilo libre	200 metros estilo libre 4 x 50 rasca pulgar. Rec: 30 segundos 4 x 50 espalda doble, patada simultánea. Rec: 20 segundos 200 metros estilo libre	200 metros estilo libre 3 x 25 crol. Rec: 20 seg 4 x 50 pies crol con tabla 2. Rec: 30 seg 4 x 50 espalda. Rec: 30 segundos 200 metros estilo libre
Nivel alto	200 metros estilo libre 4 x 50 crol. Rec: 15 seg 4 x 50 pies crol con tabla 2. Rec: 25 seg 4 x 50 espalda. Rec: 25 segundos 4 x 50 crol ritmo alto. Rec: 30 segundos 200 metros estilo libre	200 metros estilo libre 4 x 100 rasca pulgar. Rec: 25 segundos 4 x 50 espalda doble patada simultánea. Rec: 20 segundos 200 metros estilo libre	200 metros estilo libre 4 x 50 crol. Rec: 15 seg 4 x 50 pies crol con tabla 2. Rec: 25 seg 4 x 50 espalda. Rec: 25 segundos 4 x 50 crol ritmo alto. Rec: 30 segundos 200 metros estilo libre
Nivel muy alto	300 metros estilo libre 4 x 100 pies crol con tabla 2. Rec: 25 seg 4 x 50 espalda. Rec: 25 segundos 4 x 50 crol ritmo alto. Rec: 30 segundos 300 metros estilo libre	200 metros estilo libre 4 x 100 rasca pulgar. Rec: 25 segundos 4 x 50 espalda doble patada simultánea. Rec: 20 segundos 200 metros estilo libre	300 metros estilo libre 4 x 100 pies crol con tabla 2. Rec: 25 seg 4 x 50 espalda. Rec: 25 segundos 4 x 50 crol ritmo alto. Rec: 30 segundos 300 metros estilo libre

Entrenamiento de natación 50 metros, programa C

Vídeos recomendados

- **Estilo braza**:

  https://youtu.be/_hE-_lsEx-o

- **Estilo crol**:

  https://youtu.be/A1D-_iZS6Is

- **Estilo crol pies tabla 2**:

  https://youtu.be/zpzC-tPn2yM

- **Estilo espalda**:

  https://youtu.be/ltt23Cr2X94

- **Estilo crol rasca pulgar**:

  https://youtu.be/7LG5Mg-EYCs

- **Estilo espalda doble simultánea**:

  https://youtu.be/u38cHW19LOI

Recuerda que...

Se debe realizar el test de todas las pruebas físicas antes de comenzar el siguiente programa. Puede que el nivel del opositor haya cambiado.

CAPÍTULO 20

Periodo competitivo general: programa D

1. Introducción

Se debe realizar durante el tiempo indicado en el Capítulo 17 "Explicación y desarrollo de los periodos de entrenamiento", que irá en función del tiempo restante hasta la fecha de las pruebas físicas oficiales.

2. Entrenamiento de circuito

Realizarlo según las indicaciones dadas en el Capítulo 16 "Consideraciones de los programas de entrenamiento".

PROGRAMA NIVEL	D
Muy bajo	2 veces por partes y 3 veces libre
Bajo	2 veces por partes y 4 veces libre
Medio	2 veces por partes y 4 veces libre
Alto	3 veces por partes y 4 veces libre
Muy alto	3 veces por partes y 4 veces libre

Entrenamiento de circuito, programa D

3. Entrenamiento de press de banca

En este entrenamiento, las consideraciones a tener en cuenta son:

– **Repeticiones**: 20 de cada uno de los ejercicios.

– **En circuito**: las vueltas dependerán del nivel obtenido en las pruebas. Ejemplo: 20 repeticiones del ejercicio 1, 20 del ejercicio 2 y 20 del ejercicio 3. Luego se pasa al siguiente grupo de ejercicios 1 y 2. Hay que hacer el número de vueltas correspondiente al nivel obtenido en las pruebas.

– **Series**: dependerá del número de vueltas realizadas del circuito.

- **Intensidad**: alta, que cueste mucho llegar a la última repetición.
- **Recuperación**: entre ejercicios es lo que lleve desplazarse de uno a otro. Entre vueltas es de 1 min 15 segundos.
- **Velocidad:** lenta.

ENTRENAMIENTO 1	ENTRENAMIENTO 2	ENTRENAMIENTO 3
1. Press banca plano con barra	1. Jalón al pecho, agarre normal	1. Flexiones con manos en banco
2. Encogimientos abdominales giro codo a rodilla contraria	2. Encogimientos abdominales giro codo a rodilla contraria	2. Encogimientos abdominales giro codo a rodilla contraria
3. Lumbares en banco	3. Lumbares en banco	3. Lumbares en banco
1. Flexiones con manos en banco	1. Flexiones con manos en hombros y codos pegados al cuerpo	1. Press plano con mancuernas
2. Fondos de tríceps entre bancos	2. Bíceps con barra recta, agarre normal	2. Fondos de tríceps entre bancos

Entrenamiento de press de banca, programa D

Press banca plano con barra

Vídeos recomendados

- **Press de banca:**
  https://www.youtube.com/watch?v=J_FNUFIDIH0
- **Flexiones con manos en banco**:
  http://youtu.be/_QekEjU9fQc
- **Flexiones con rodillas apoyadas**:
  http://youtu.be/cay0sCjaY2s
- **Flexiones con manos apoyadas en pared**:
  http://youtu.be/yEshJMmWsil
- **Abdominales de giro a codo a rodilla contraria**:
  http://youtu.be/yGxD-bSB3nU
- **Elevación de tronco en banco**:
  http://youtu.be/9HDCJEWka0Y
- **Press plano con mancuernas**:
  http://youtu.be/X11Z4ZIYSns
- **Jalón al pecho agarre estrecho**:
  http://youtu.be/2oySz9COBIY
- **Flexiones con manos en hombros y codos pegados al cuerpo**:
  http://youtu.be/kD-0WZUrKa4
- **Press plano con barra**:
  http://youtu.be/SdiqU6xjw2s
- **Curl con barra recta, agarre inverso**:
  http://youtu.be/B0JjZAZ7Brw
- **Fondos entre bancos o sillas**:
  http://youtu.be/emsqdl21gJM

4. Entrenamiento de Course Navette

En este tipo de entrenamiento las consideraciones a tener en cuenta son:
- Intensidad:
  * **Baja**, que no cueste apenas esfuerzo. 60 % de la FCM.
  * **Media**, que permita hablar sin esfuerzo. 70 % de la FCM.

* **Alta**, que se entrecorten las palabras a la hora de hablar. 80 % de la FCM.
* **Muy alta**, que sea casi imposible hablar. 90 % de la FCM.

Ejemplo: persona de 30 años. FCM = 220 - edad = 190 de pulsaciones máximas teóricas por minuto. El 70 % de 190 es 133 pulsaciones/minuto.

Las denominadas progresiones consisten en una carrera de distancia corta en la que la velocidad se va aumentando progresivamente desde el comienzo hasta el final de dicho espacio a recorrer. Es decir, se comienza corriendo a un ritmo bajo y se va aumentando hasta la intensidad solicitada.

A diferencia de la progresión, el sprint se realiza a gran velocidad ya desde el principio.

- Recuperación entre progresiones y ejercicios de técnica de carrera: el tiempo que cueste volver caminando al punto de partida.
- Recuperación entre sprints: 2 minutos.
- Estiramientos: al acabar se deben estirar las piernas manteniendo la posición sin hacer rebotes durante 30-40 segundos.

ENTRENAMIENTO	
Nivel muy bajo	10 minutos carrera, intensidad media Técnica de carrera: talones atrás. 3 series de 15 metros 4 sprints de 30 metros acabando con una intensidad media 10 minutos carrera, intensidad media
Nivel bajo	10 minutos carrera, intensidad media Técnica de carrera: talones atrás. 3 series de 15 metros 4 sprints de 30 metros acabando con una intensidad media 10 minutos carrera, intensidad media
Nivel medio	10 minutos carrera, intensidad media Técnica de carrera: talones atrás. 4 series de 15 metros 5 sprints de 30 metros con una intensidad media 10 minutos carrera, intensidad media
Nivel alto	15 minutos carrera, intensidad media Técnica de carrera: talones atrás. 5 series de 20 metros 5 sprints de 40 metros con una intensidad alta 15 minutos carrera, intensidad media
Nivel muy alto	15 minutos carrera, intensidad media Técnica de carrera: talones atrás. 5 series de 20 metros 5 sprints de 40 metros con una intensidad alta 15 minutos carrera, intensidad media

Entrenamiento 1 de carrera, programa D

▶ Vídeos recomendados

- **Carrera talones atrás**:
  https://youtu.be/dTscAQ-ONW8
- **Carrera salida sprint**:
  https://youtu.be/M3cjURMmnF4

Carrera continua

	ENTRENAMIENTO 2	**ENTRENAMIENTO 3**
Nivel muy bajo	20 min carrera continua, intensidad alta	20 min carrera continua, intensidad alta
Nivel bajo	5 min medio 15 min cambios ritmo: 2 medio-1 alto 5 min medio	20 min progresivos: 5 medio, 5 alto, 5 muy alto, 5 medio
Nivel medio	10 min medio 3 x 400 metros muy alto. Descanso: con 3 min entre series 10 min medio	5 min medio 15 min cambios ritmo: 1 medio-1 alto 5 min medio
Nivel alto	10 min medio 4 x 400 metros muy alto. Descanso: con 3 min entre series 10 min medio	5 min medio 20 min cambios ritmo: 1 medio-1 muy alto 5 min medio
Nivel muy alto	10 min medio 5 x 400 metros muy alto. Descanso: con 3 min entre series 10 min medio	5 min medio 25 min cambios ritmo: 1 medio-1muy alto 5 min medio

Entrenamientos 2 y 3 de carrera, programa D

5. Entrenamiento de natación 50 metros

Observaciones en los entrenamientos de natación:

- Intensidad: media.

- Estilos: vienen determinados. Si pone "estilo libre", significa que es a libre elección (no tiene por qué ser crol).

- Distancia a realizar: viene determinada en metros, aunque solo ponga un dato numérico.

- Recuperación: se hace de forma vertical, dentro del agua pero con los pies apoyados.

- Estiramientos: al acabar se deben estirar los brazos y piernas manteniendo la posición sin hacer rebotes durante 30-40 segundos.

	ENTRENAMIENTO 1	ENTRENAMIENTO 2	ENTRENAMIENTO 3
Nivel muy bajo	50 metros braza 8 x 50 crol. Rec: 30 seg 8 x 50 crol punto muerto con tabla. Rec: 40 seg 50 metros braza	50 metros estilo libre 4 x 100 crol con aletas. Rec: 30 seg 4 x 25 rasca pulgar. Rec: 40 segundos 50 metros estilo libre	50 metros braza 3 x 25 crol. Rec: 30 seg 8 x 50 crol punto muerto con tabla. Rec: 40 seg 50 metros braza
Nivel bajo	100 metros estilo libre 8 x 50 crol con palas. Rec: 25 seg 8 x 50 crol punto muerto con tabla. Rec: 40 seg 100 metros estilo libre	100 metros estilo libre 6 x 25 rasca pulgar. Rec: 40 segundos 4 x 100 crol con aletas. Rec: 25 seg 100 metros estilo libre	100 metros estilo libre 3 x 25 crol con palas. Rec: 25 seg 8 x 50 crol punto muerto con tabla. Rec: 40 seg 100 metros estilo libre
Nivel medio	200 metros estilo libre 6 x 25 crol con palas. Rec: 20 seg 4 x 50 crol punto muerto con tabla. Rec: 30 seg 4 x 50 espalda. Rec: 30 segundos 200 metros estilo libre	200 metros estilo libre 4 x 50 rasca pulgar. Rec: 30 segundos 4 x 50 crol con aletas. Rec: 25 seg 4 x 50 espalda doble, patada de braza. Rec: 20 segundos 200 metros estilo libre	200 metros estilo libre 4 x 25 crol con palas. Rec: 20 seg 4 x 50 crol punto muerto con tabla. Rec: 30 seg 4 x 50 espalda. Rec: 30 segundos 200 metros estilo libre

.../...

.../...

	ENTRENAMIENTO 1	ENTRENAMIENTO 2	ENTRENAMIENTO 3
Nivel alto	200 metros estilo libre 6 x 25 crol. Rec: 15 seg 4 x 50 crol punto muerto con tabla. Rec: 25 seg 4 x 50 espalda. Rec: 25 segundos 6 x 50 crol ritmo alto. Rec: 30 segundos 200 metros estilo libre	200 metros estilo libre 4 x 100 rasca pulgar. Rec: 25 segundos 5 x 50 crol con aletas. Rec: 20 seg 4 x 50 espalda doble patada de braza. Rec: 20 segundos 200 metros estilo libre	200 metros estilo libre 4 x 75 crol. Rec: 15 seg 4 x 50 crol punto muerto con tabla. Rec: 25 seg 4 x 50 espalda. Rec: 25 segundos 4 x 50 crol ritmo alto. Rec: 30 segundos 200 metros estilo libre
Nivel muy alto	300 metros estilo libre 4 x 100 crol punto muerto con tabla. Rec: 25 seg 4 x 50 espalda. Rec: 25 segundos 4 x 50 crol ritmo alto. Rec: 30 segundos 300 metros estilo libre	200 metros estilo libre 4 x 100 rasca pulgar. Rec: 25 segundos 5 x 50 crol con aletas. Rec: 20 seg 4 x 50 espalda doble patada simultánea. Rec: 20 segundos 200 metros estilo libre	300 metros estilo libre 4 x 100 crol punto muerto con tabla. Rec: 25 seg 4 x 50 espalda. Rec: 25 segundos 4 x 50 crol ritmo alto. Rec: 30 segundos 300 metros estilo libre

Entrenamiento de natación 50 metros, programa D

Estilo de crol estirando brazada

▶ Vídeos recomendados

- **Estilo braza**:
  https://youtu.be/_hE-_IsEx-o
- **Estilo crol**:
  https://youtu.be/A1D-_iZS6Is
- **Estilo crol punto muerto tabla**:
  https://youtu.be/Sf5DmJFbgtw
- **Estilo crol con palas**:
  https://youtu.be/aqreG3HnSjA
- **Estilo espalda**:
  https://youtu.be/ltt23Cr2X94
- **Estilo crol rasca pulgar**:
  https://youtu.be/7LG5Mg-EYCs
- **Estilo espalda doble simultanea**:
  https://youtu.be/u38cHW19LOI
- **Estilo espalda doble patada braza**:
  https://youtu.be/AOtxjEFrnes

 Recuerda que...

Se debe realizar el test de todas las pruebas físicas antes de comenzar el siguiente programa. Puede que el nivel del opositor haya cambiado.

CAPÍTULO 21

Periodo competitivo específico: programa E

1. Introducción

Se debe realizar durante el tiempo indicado en el Capítulo 17 "Explicación y desarrollo de los periodos de entrenamiento", que irá en función del tiempo restante hasta la fecha de las pruebas físicas oficiales.

2. Entrenamiento de circuito

Realizarlo según las indicaciones dadas en el Capítulo 16 "Consideraciones de los programas de entrenamiento".

PROGRAMA / NIVEL	E
Muy bajo	6 veces libre
Bajo	7 veces libre
Medio	7 veces libre
Alto	8 veces libre
Muy alto	8 veces libre

Entrenamiento de circuito, programa E

3. Entrenamiento de press de banca

Tener en cuenta:

– **Repeticiones**: 25 de cada uno de los ejercicios.

– **En circuito**: las vueltas dependerán del nivel obtenido en las pruebas. Ejemplo: 25 repeticiones del ejercicio 1, 25 del ejercicio 2 y 25 del ejercicio 3. Luego se pasa al siguiente grupo de ejercicios 1, 2 y 3. Hay que hacer el número de vueltas correspondiente al nivel obtenido en las pruebas.

– **Series**: dependerá del número de vueltas que se realice el circuito.

– **Intensidad**: alta, que cueste mucho llegar a la última repetición.

– **Recuperación**: entre ejercicios es lo que lleve desplazarse de uno a otro. Entre vueltas es de 1 minuto.

– **Velocidad**: rápida.

Flexiones: fase de subida

Flexiones: fase de bajada

ENTRENAMIENTO 1	ENTRENAMIENTO 2	ENTRENAMIENTO 3
1. Press de banca con barra. Repeticiones al máximo. Mujeres: 20 kgs. Hombres 30 kgs	1. Flexiones normales. Series de 25 (apoyar rodillas si es necesario)	1. Press de banca con barra. Repeticiones al máximo. Mujeres: 20 kgs. Hombres 30 kgs
2. Abdominales flexión de cadera colgado en barra	2. Abdominales flexión de cadera colgado en barra	2. Abdominales flexión de cadera colgado en barra
3. Lumbares en banco	3. Lumbares en banco	3. Lumbares en banco
1. Press inclinado con barra	1. Press inclinado con barra	1. Press inclinado con barra
2. Encogimientos abdominales tumbado lateral: tronco y una pierna	2. Encogimientos abdominales tumbado lateral: tronco y una pierna	2. Encogimientos abdominales tumbado lateral: tronco y una pierna
3. Flexiones con manos juntas	3. Flexiones con manos juntas	3. Flexiones con manos juntas

Entrenamiento de flexiones, programa E

 Vídeos recomendados

- **Press banca con barra:**
  https://www.youtube.com/watch?v=J_FNUFIDlH0
- **Press inclinado con barra**:
  http://youtu.be/CZ8f0_FNV9c
- **Flexiones con manos juntas**:
  http://youtu.be/tMw-FPD-Ic0
- **Encogimientos laterales tronco y pierna**:
  http://youtu.be/8qTSflautxl

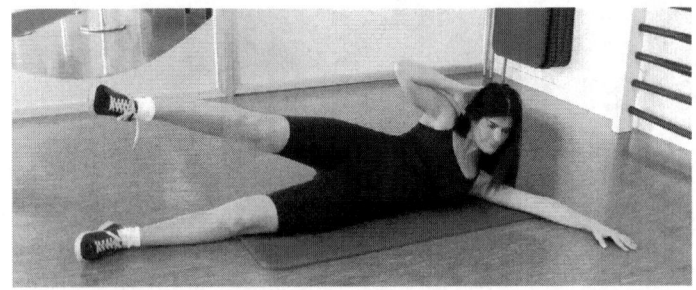

Encogimientos laterales: tronco y una pierna

4. Entrenamiento de Course Navette

En este tipo de entrenamiento las consideraciones a tener en cuenta son:

– Intensidad:

  * **Baja**, que no cueste apenas esfuerzo. 60 % de la FCM.

  * **Media**, que permita hablar sin esfuerzo. 70 % de la FCM.

  * **Alta**, que se entrecorten las palabras a la hora de hablar. 80 % de la FCM.

  * **Muy alta**, que sea casi imposible hablar. 90 % de la FCM.

  Ejemplo: persona de 30 años. FCM = 220 - edad = 190 de pulsaciones máximas teóricas por minuto. El 70 % de 190 es 133 pulsaciones/minuto.

  Las denominadas progresiones consisten en una carrera de distancia corta en la que la velocidad se va aumentando progresivamente desde el comienzo hasta el final de dicho espacio a recorrer. Es decir, se comienza corriendo a un ritmo bajo y se va aumentando hasta la intensidad solicitada.

  A diferencia de la progresión, el sprint se realiza a gran velocidad ya desde el principio.

– Recuperación entre progresiones y ejercicios de técnica de carrera: el tiempo que cueste volver caminando al punto de partida.

– Recuperación entre sprints: 2 minutos 30 segundos.

– Estiramientos: al acabar se deben estirar las piernas manteniendo la posición sin hacer rebotes durante 30-40 segundos.

ENTRENAMIENTO	
Nivel muy bajo	10 minutos carrera, intensidad media Técnica de carrera: paso largo 2 series de 15 metros y rodillas arriba 2 series de 15 metros 5 sprints de 40 metros acabando con una intensidad media 10 minutos carrera, intensidad media
Nivel bajo	10 minutos carrera, intensidad media Técnica de carrera: paso largo 2 series de 15 metros y rodillas arriba 2 series de 15 metros 5 sprints de 40 metros acabando con una intensidad media 10 minutos carrera, intensidad media

....../...

..../...

Nivel medio	10 minutos carrera, intensidad media Técnica de carrera: paso largo 3 series de 15 metros y rodillas arriba 3 series de 15 metros 6 sprints de 40 metros con una intensidad alta 10 minutos carrera, intensidad media
Nivel alto	15 minutos carrera, intensidad media Técnica de carrera: paso largo 4 series de 15 metros y rodillas arriba 4 series de 15 metros 7 sprints de 40 metros con una intensidad muy alta 15 minutos carrera, intensidad media
Nivel muy alto	15 minutos carrera, intensidad media Técnica de carrera: paso largo 4 series de 15 metros y rodillas arriba 4 series de 15 metros 7 sprints de 40 metros con una intensidad muy alta 15 minutos carrera, intensidad media

Entrenamiento 1 de carrera, programa E

 Vídeos recomendados

- **Carrera paso largo**:
  https://youtu.be/6s3K066ktQs

- **Carrera salida sprint**:
  https://youtu.be/M3cjURMmnF4

Marca en el suelo para el comienzo de la recta de 20 metros

	ENTRENAMIENTO 2	ENTRENAMIENTO 3
Nivel muy bajo	25 min carrera continua, intensidad alta	20 min progresivos: 5 medio, 5 alto, 5 muy alto, 5 medio
Nivel bajo	10 min medio 2 x 600 metros alto. Descanso: con 2 min entre series 10 min medio	10 min medio 15 min cambios ritmo: 1 medio-1 alto 5 min medio
Nivel medio	10 min medio 3 x 600 metros muy alto. Descanso: con 3 min entre series 10 min medio	40 min progresivos: 10 medio, 10 alto, 15 muy alto, 5 medio 4 progresiones de 80 m acabando a ritmo alto
Nivel alto	10 min medio 4 x 600 metros muy alto. Descanso: con 3 min entre series 10 min medio	45 min progresivos: 10 medio, 15 alto, 15 muy alto, 5 medio 4 progresiones de 80 m acabando a ritmo alto
Nivel muy alto	10 min medio 5 x 600 metros muy alto. Descanso: con 3 min entre series 10 min medio	50 min progresivos: 10 medio, 15 alto, 20 muy alto, 5 medio 4 progresiones de 80 m acabando a ritmo alto

Entrenamientos 2 y 3 de carrera, programa E

5. Entrenamiento de natación 50 metros

Observaciones en los entrenamientos de natación:

– Intensidad: media.

– Estilos: vienen determinados. Si pone "estilo libre", significa que es a libre elección (no tiene por qué ser crol).

– Distancia a realizar: viene determinada en metros, aunque solo ponga un dato numérico.

– Recuperación: se hace de forma vertical, dentro del agua pero con los pies apoyados.

– Estiramientos: al acabar se deben estirar los brazos y piernas manteniendo la posición sin hacer rebotes durante 30-40 segundos.

	ENTRENAMIENTO 1	ENTRENAMIENTO 2	ENTRENAMIENTO 3
Nivel muy bajo	50 metros braza 3 x 25 pies crol con tabla 1. Rec: 30 seg 3 x 25 crol. Rec: 30 seg 8 x 25 crol palas. Rec: 30 seg 8 x 25 crol punto muerto con tabla. Rec: 40 seg 50 metros braza	50 metros estilo libre 3 x 25 pies crol con tabla 1. Rec: 30 seg 3 x 50 crol con aletas. Rec: 30 seg 4 x 25 rasca pulgar. Rec: 40 segundos 50 metros estilo libre	50 metros braza 3 x 25 pies crol con tabla 1. Rec: 30 seg 3 x 25 crol. Rec: 30 seg 8 x 25 crol palas. Rec: 30 seg 8 x 25 crol punto muerto con tabla. Rec: 40 seg 50 metros braza
Nivel bajo	100 metros estilo libre 3 x 25 pies crol con tabla 1. Rec: 30 seg 8 x 25 crol palas. Rec: 30 seg 6 x 25 crol punto muerto con tabla. Rec: 40 seg 100 metros estilo libre	100 metros estilo libre 3 x 25 pies crol con tabla 1. Rec: 30 seg 6 x 25 rasca pulgar. Rec: 40 segundos 3 x 50 crol con aletas. Rec: 25 seg 4 x 50 espalda. Rec: 20 segundos 100 metros estilo libre	100 metros estilo libre 3 x 25 pies crol con tabla 1. Rec: 30 seg 8 x 25 crol palas. Rec: 30 seg 6 x 25 crol punto muerto con tabla. Rec: 40 seg 100 metros estilo libre
Nivel medio	200 metros estilo libre 4 x 50 pies crol con tabla 1. Rec: 25 seg 4 x 25 crol con palas. Rec: 20 seg 4 x 50 crol punto muerto con tabla. Rec: 30 seg 4 x 50 espalda. Rec: 30 segundos 200 metros estilo libre	200 metros estilo libre 4 x 50 pies crol con tabla 1. Rec: 25 seg 4 x 50 rasca pulgar. Rec: 30 segundos 4 x 50 crol con aletas. Rec: 25 seg 4 x 50 espalda. Rec: 20 segundos 200 metros estilo libre	200 metros estilo libre 4 x 50 pies crol con tabla 1. Rec: 25 seg 4 x 25 crol con palas. Rec: 20 seg 4 x 50 crol punto muerto con tabla. Rec: 30 seg 4 x 50 espalda. Rec: 30 segundos 200 metros estilo libre
Nivel alto	200 metros estilo libre 4 x 50 pies crol con tabla 1. Rec: 25 seg 4 x 75 crol. Rec: 15 seg 4 x 50 crol palas. Rec: 25 seg 4 x 50 crol punto muerto con tabla. Rec: 25 seg 4 x 50 espalda. Rec: 25 segundos 8 x 25 crol ritmo alto. Rec: 30 segundos 200 metros estilo libre	200 metros estilo libre 4 x 50 pies crol con tabla 1. Rec: 25 seg 4 x 100 rasca pulgar. Rec: 25 segundos 4 x 50 crol palas. Rec: 25 seg 5 x 50 crol con aletas. Rec: 20 seg 4 x 50 espalda. Rec: 20 segundos 200 metros estilo libre	200 metros estilo libre 4 x 50 pies crol con tabla 1. Rec: 25 seg 4 x 75 crol. Rec: 15 seg 8 x 25 crol palas. Rec: 25 seg 4 x 50 crol punto muerto con tabla. Rec: 25 seg 4 x 50 espalda. Rec: 25 segundos 4 x 50 crol ritmo alto. Rec: 30 segundos 200 metros estilo libre

.../...

.../...

	ENTRENAMIENTO 1	ENTRENAMIENTO 2	ENTRENAMIENTO 3
Nivel muy alto	300 metros estilo libre	200 metros estilo libre	300 metros estilo libre
	4 x 50 pies crol con tabla 1. Rec: 25 seg	4 x 50 pies crol con tabla 1. Rec: 25 seg	4 x 50 pies crol con tabla 1. Rec: 25 seg
	4 x 50 crol palas. Rec: 25 seg	4 x 100 rasca pulgar. Rec: 25 segundos	8 x 25 crol palas. Rec: 25 seg
	4 x 100 crol punto muerto con tabla. Rec: 25 seg	4 x 50 crol palas. Rec: 25 seg	4 x 100 crol punto muerto con tabla. Rec: 25 seg
	4 x 50 espalda. Rec: 25 segundos	5 x 50 crol con aletas. Rec: 20 seg	4 x 50 espalda. Rec: 25 segundos
	8 x 25 crol ritmo alto. Rec: 30 segundos	4 x 50 espalda. Rec: 20 segundos	4 x 50 crol ritmo alto. Rec: 30 segundos
	300 metros estilo libre	200 metros estilo libre	300 metros estilo libre

Entrenamiento de natación 50 metros, programa E

▶ Vídeos recomendados

- **Estilo braza**
  https://youtu.be/_hE-_lsEx-o

- **Estilo crol**
  https://youtu.be/A1D-_iZS6ls

- **Estilo crol pies tabla 1**
  https://youtu.be/OaOVm--6Wws

- **Estilo crol punto muerto tabla**
  https://youtu.be/Sf5DmJFbgtw

- **Estilo crol con palas**
  https://youtu.be/aqreG3HnSjA

- **Estilo espalda**
  https://youtu.be/ltt23Cr2X94

- **Estilo crol rasca pulgar**
  https://youtu.be/7LG5Mg-EYCs

- **Estilo crol con aletas**
  https://youtu.be/DEDFrlRotxs

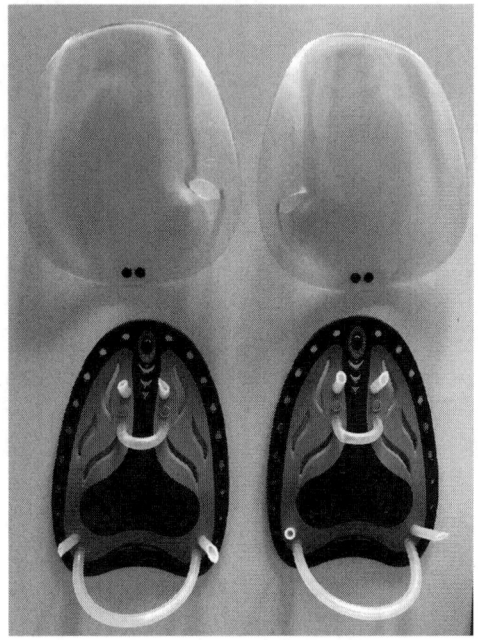

Palas de natación para ejercer más fuerza con los brazos

Recuerda que...

Se debe realizar el test de todas las pruebas físicas para saber el nivel final del opositor y conocer la marca actual antes de presentarse a las pruebas físicas oficiales.

CAPÍTULO 22

Consejos para los días previos a las pruebas

1. Introducción

Los días previos a las pruebas de aptitud física del examen oficial, hay que tener en cuenta varios aspectos referentes al entrenamiento y a la alimentación. Es importante hacer una reducción del volumen y la intensidad de los entrenamientos. En cuando a la alimentación, se debe aumentar en la ingesta de hidratos de carbono con el fin de llegar al día de las pruebas físicas con los depósitos de glucógeno muscular y hepático bien llenos. De esta forma, el opositor estará descansado y con energía para realizar las cuatro pruebas físicas.

2. Entrenamientos

En cada convocatoria sale a sorteo la primera letra del primer apellido por la que empezarán a ser examinados los aspirantes.

Durante los 3 días previos a dicha prueba, cada opositor deberá modificar tanto su entrenamiento como su alimentación. El objetivo es llegar más descansado a las pruebas físicas y con toda la energía posible. Para ello, habrá una reducción del volumen y la intensidad de los entrenamientos.

	3.er día previo	2.º día previo	Día previo
Press de banca	Entrenar con normalidad	Reducir 2 vueltas del circuito	No hacer musculación. Especial dedicación a los estiramientos
Circuito de agilidad	Entrenar con normalidad	Solo 4 veces	Solo 3 veces
Course Navette	Entrenar con normalidad	30 min Carrera continua	15 min Carrera continua. Especial dedicación a los estiramientos
Natación	Entrenar con normalidad	200 metros crol 4 x 50 metros a ritmo alto: Rec: 45 segundos 200 metros crol	400 metros crol descansando si es necesario Especial dedicación a los estiramientos

Entrenamientos en los días previos
a las pruebas físicas oficiales

Principales estiramientos de piernas

Principales estiramientos de tronco y brazo

3. Alimentación

 Sabías que...

Durante el periodo de mediados del siglo XX, durante la Guerra Fría, la Unión Soviética tuvo en secreto estudios nutricionales y dietéticos con el objetivo de lograr la "supremacía en el deporte" de sus atletas, hecho que revelaban en los sucesivos Juegos Olímpicos de aquella época.

	3er día previo	2º día previo	Día previo
Desayuno	Alto en hidratos de carbono	Alto en hidratos de carbono	Alto en hidratos de carbono
Almuerzo	Más fruta y líquidos	Más fruta y líquidos	Más fruta y líquidos
Comida	Alta en hidratos de carbono	Alta en hidratos de carbono	Alta en hidratos de carbono
Merienda	Más fruta y líquidos	Más fruta y líquidos	Más fruta y líquidos
Cena	Alta en hidratos de carbono	Alta en hidratos de carbono	Alta en hidratos de carbono

Pautas alimenticias en los días previos
a las pruebas físicas oficiales

Durante los tres días previos es importante aumentar la ingesta de hidratos de carbono complejos (arroz, pasta, patata, pan...) con el fin de reponer el glucógeno muscular y hepático para realizar las pruebas con toda la energía acumulada posible.

 Recuerda que...

El músculo y el hígado tienen almacenada energía en forma de glucógeno y eso será lo que prime a la hora de suministrar energía en el ejercicio físico.

Principales fuentes de hidratos de carbono complejos

Asimismo, también se recomienda beber gran cantidad de agua y bebidas isotónicas para tener bien hidratados los músculos y evitar calambres o un bajo rendimiento por deshidratación.

 Sabías que...

El músculo está formado por un 75 % de agua. Por esta razón es tan importante mantener el cuerpo hidratado. De esta forma, la musculatura no mermará su rendimiento.

Benardot incide en que *"Es importante beber abundante líquido que contenga carbohidratos durante el ejercicio. Es conveniente consumir al menos 400 calorías de carbohidratos inmediatamente después del entrenamiento. Este es el primer intento de que sus músculos reemplacen el glucógeno muscular que había perdido durante el ejercicio".*

Un **masaje de descarga muscular** es una buena opción para llegar fresco el día de las pruebas, pero deberá llevarse a cabo con tres días de anterioridad, como mínimo, para poder reactivar de nuevo los músculos.

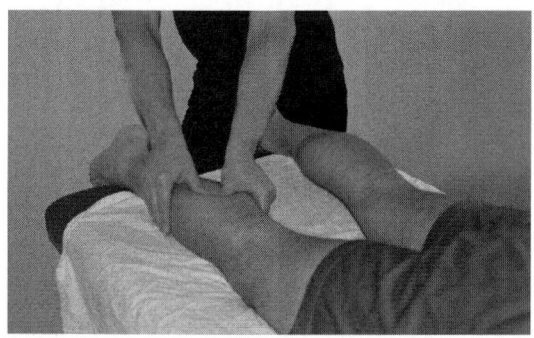

Masaje antes de las pruebas físicas

El mismo día de la prueba no se debe cambiar la rutina del desayuno. Se recomienda consumir lo de siempre. Ese día no es momento para experimentar. Si se quiere **probar algún alimento o suplemento nutricional nuevo**, se deberá hacer con anterioridad para ver los resultados obtenidos con ello.

Hay que tener en cuenta el tiempo que va a pasar desde el desayuno hasta la ejecución de las 4 pruebas físicas. Los aspirantes pueden ser citados a una hora pero quizá empiecen a realizar las pruebas más tarde. Por lo tanto, se deberá llevar algún alimento encima, como puede ser una barrita energética, así como alguna bebida con sales minerales y agua.

CAPÍTULO 23

Trucos para el día del examen oficial

1. Introducción

Como se ha dicho anteriormente, en el capítulo 15, el orden de las pruebas físicas suele ser el siguiente:

1. Natación.

2. Circuito.

3. Press de banca.

4. Course Navette.

> 📌 **Recuerda que...**
>
> A la hora de realizar las pruebas, es importante haber hecho un calentamiento previo para evitar posibles lesiones, como tirones, roturas de fibras, esguinces, etc.

▶️ **Vídeos recomendados**

- **Carrera rodillas arriba**:
  https://youtu.be/UFaOSRA7Rsg
- **Carrera talones atrás:**
  https://youtu.be/dTscAQ-ONW8
- **Carrera salida sprint**:
  https://youtu.be/M3cjURMmnF4

2. Natación

Esta prueba se suele realizar en una piscina de 25 metros. Por consiguiente, se debe realizar un largo de ida y otro de vuelta.

Los opositores son llamados en grupos de 6-8 personas. Cada uno se colocará en una calle.

La salida se realiza desde el borde de la piscina. La entrada al agua se recomienda que sea en forma de salto de cabeza para ganar tiempo y economizar energía. Hay que lanzarse a lo largo, pero con cuidado de no darse un planchazo. Los saltos en picado hacen que el aspirante se dirija hacia el fondo, produciéndose con ello una pérdida de tiempo.

Después de nadar los 25 metros se debe tocar la pared con la mano y cambiar de sentido para volver al punto de partida.

El cronómetro se para una vez que cada nadador toca un pulsador que hay en la pared de llegada.

> ### 🏷 Recuerda que...
>
> El estilo de natación más rápido es el crol y con él se debe sacar la cabeza lateralmente para realizar las respiraciones necesarias.

Nadador en el borde de la piscina

3. Circuito de agilidad

Lo más recomendable es haberlo **entrenado por partes** y, una vez automatizadas, hacerlo de principio a fin.

En cada giro que hagamos es importante **frenar con la pierna del exterior**.

Si se quiere reducir el tiempo de los pasos de valla por encima, se aconseja realizar un salto a una pierna.

Tras el consentimiento del examinador, el comienzo de la prueba lo decide el opositor. El cronómetro se activa automáticamente por medio de células fotoelétricas al detectar el movimiento en la salida del aspirante.

El tiempo se para también por medio de células fotoelétricas. Por tanto, es conveniente sobrepasar la última valla con el cuerpo cuanto antes.

Dado que es una prueba en la que se permiten **2 intentos**, se puede arriesgar en el primero para intentar lograr una buena marca.

Con el fin de evitar resbalar, se recomienda limpiar la suela del calzado deportivo con algo de tela (por ejemplo, una camiseta).

4. Press de banca

La prueba de fuerza extensora de brazos se realiza tumbado boca arriba sobre un banco plano. El opositor debe colocarse de forma que la parte superior de su pecho quede justo por debajo de la vertical de la barra. De esta forma, las repeticiones podrán ser realizadas de forma más cómoda.

La primera repetición se cuenta desde la posición de extensión de brazos, una vez que se baja la barra y se vuelve a subir.

Para que el examinador dé por válidas todas las repeticiones es necesario que sean realizadas en todo su recorrido, bajando y subiendo por completo.

No es necesario bloquear la articulación de codo en la fase de ascenso. Es suficiente con marcar la extensión del brazo y volver a bajar flexionándolo, hasta que la barra toque el pecho.

5. Course Navette

La prueba de carrera se realiza en grupos de 6-8 personas en una pista de atletismo en la que el suelo es de cemento. Es importante haber hecho un calentamiento previo para evitar lesiones. Se deben aumentar las pulsaciones en el calentamiento con el fin de conseguir una activación justo antes del inicio de la prueba.

La salida de esta prueba se realiza en el comienzo de la recta, en un extremo. Cada aspirante se sitúa en su respectiva calle y no debe invadir la de ningún otro participante.

El comienzo de la prueba se avisa por medio de tres pitidos. Cuando haya sonado el tercero, se podrá comenzar a correr hacia el lado opuesto.

Antes de que vuelva a escucharse un sonido, los aspirantes deberán haber atravesado la línea del final de la recta de 20 metros. Cuando suene podrán volver a recorrer la misma distancia en sentido contrario.

En esta prueba será de vital importancia controlar la respiración y, con ello, las pulsaciones cardíacas. El aire se debe inspirar por la nariz (oxígeno) y espirar por la boca (dióxido de carbono). Las **respiraciones** deberán ser **profundas y controladas**. Esto evitará la aparición de flatos.

Para una buena **estrategia del ritmo de carrera**, se aconseja realizar la prueba con un reloj cronómetro. Así se podrá controlar la velocidad con la que se desarrolla esta prueba y ajustar la velocidad de carrera a la frecuencia con la que se escuchan los pitidos.

🏃 Recuerda que...

Hay que llegar a la zona final de cada recta de 20 metros antes de que se escuche cada pitido.

Para estar bien familiarizado con el ritmo de cada uno de los periodos conseguidos, se recomienda entrenar esta prueba llevando encima un reproductor de sonido para escuchar bien los pitidos. Ejemplo: mp3, móvil...

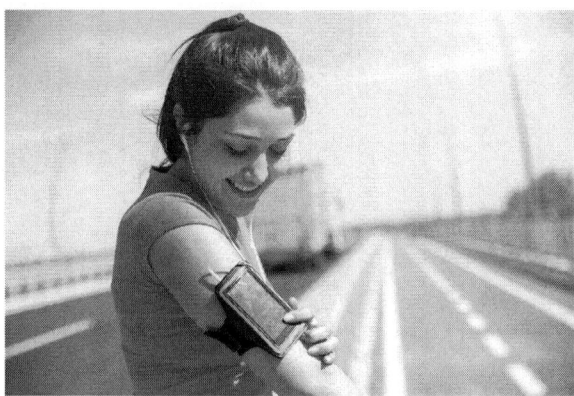

Brazalete para llevar el reproductor de sonido

Esta es una prueba en la que se suelen producir tiempos récord respecto a los test realizados, ya que en el mismo día de los exámenes hay un factor de motivación alto y una descarga de adrenalina.

BIBLIOGRAFÍA

- Abellán. J., Sainz. P., Ortín. E.J.: *Guía para la preinscripción de ejercicio físico.* SEH - LELH.

- Benardot, D.: *Nutrición para deportistas de alto nivel.* Editorial Hispano Europea. Barcelona, 2001.

- Calais-Germain, B.: *Anatomía para el movimiento.* Editorial La Liebre de Marzo. Barcelona, 2002.

- Grosser, M., Startischka, S., & Zimmermann, E.: *Principios del entrenamiento deportivo.* Editorial Martínez Roca, Barcelona, 1988.

- Matvéiev, L.: *El proceso del entrenamiento deportivo.* Editorial Stadium, Argentina.

- McAtee, R.E. y Charland, J.: *Estiramientos facilitados.* Editorial Paidotribo. Barcelona, 2000.

- Pancorbo, S.A.: *Medicina del Deporte.* Editorial: EDUCS. Brasil, 2002.

- Thibadeau, C.: *El libro negro de los secretos del entrenamiento.* Editorial F. Lepine.

Cómo acceder al Curso

Agente de la Escala Básica de los Cuerpos de Policía del País Vasco (Ertzaintza y Policía Local)
Pruebas físicas

El uso de los códigos **es exclusivo de los compradores de los productos de Editorial MAD**. Cada producto posee un código único y de un solo uso. Es personal e intransferible y da acceso a servicios y contenidos adicionales. Editorial MAD se reserva el derecho de hacer cuantas comprobaciones sean necesarias para identificar al legítimo poseedor del código y dejar de dar servicio a quien haga uso fraudulento del mismo, además de emprender cuantas acciones legales estime oportunas según la legislación vigente.

Deberás acceder a:

mad.es/registro-campus

Si una vez aceptadas las condiciones de uso del Campus decides hacer uso del mismo, necesitarás del siguiente código de acceso junto con los códigos del resto de títulos que se exigen (si fuera el caso):

H36KI28USC